Collection dirigée par
Johan Faerber

Jean Racine

Phèdre (1677)

Texte intégral
suivi d'un dossier Nouveau Bac

Préface de **Laurent Mauvignier**

Édition annotée et commentée par
Alain Couprie
Professeur des Universités

avec un parcours « **Passion et tragédie** »

sommaire

L'AVANT-TEXTE

POUR SITUER L'ŒUVRE DANS SON CONTEXTE

LE TEXTE

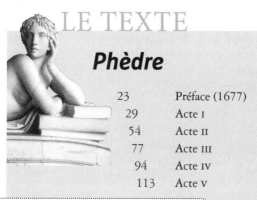

Phèdre

Des clés pour vous guider

© Hatier Paris 2019 - ISBN 978-2-401-05311-3

LE PARCOURS LITTÉRAIRE

Passion et tragédie

■ La passion, source de conflits tragiques

■ La passion, moteur de l'action tragique

■ Deux visages de la passion dans la tragédie

LE DOSSIER

POUR APPROFONDIR SA LECTURE ET S'ENTRAINER POUR LE BAC

Fiches de lecture

Groupements de textes complémentaires

Le monstre au théâtre

Prolongements artistiques et culturels

*Le mythe de Phèdre à travers les arts**

* Les images se trouvent en 2e et 3e de couverture, et dans le cahier couleurs
au centre du livre.

Objectif BAC

> *L'épreuve écrite*

> *L'épreuve orale*

Phèdre ou la douleur de l'amour
par Laurent Mauvignier

Vous découvrez *Phèdre*, et vous vous inquiétez : Racine, c'est la figure *imposée*, son nom sent la vieille école, le bon goût académique. Or, rien n'est moins vrai que les préjugés qui font de Racine un auteur ennuyeux et formellement trop lisse, qu'il faudrait opposer à nos tempéraments modernes.

Racine, c'est d'abord très mélodieux. Il est vrai qu'on entend la harpe un peu surannée derrière – si, vous savez bien, « la fille de Minos et de Pasiphaé », ce vers tant de fois commenté pour sa beauté et sa mélodie. Mais écoutez mieux. Libérez-vous des siècles qui vous séparent de Racine. Libérez-vous des préjugés (les vôtres). Libérez-vous de ce que vous croyez savoir. Vous pourrez percevoir dans la voix d'Hippolyte un son dont le rythme nous parle, à vous, à moi, à tous, aujourd'hui, y compris parce que notre ignorance laisse aux noms qu'il nomme leur puissance poétique intacte : « Consolant les mortels de l'absence d'Alcide/Les monstres étouffés, ET les brigands punis,/ Procrustre, Cercyon, ET Scirron, ET Sinnis,/ET les os dispersés du géant d'Épidaure,/ET la Crète fumant du sang du Minotaure. »

Parlons du concert poétique qui frappe par son lyrisme et sa scansion, ces « et » qui donnent un rythme soutenu, les homophonies et répétitions venant comme autant de petites bombes ponctuer le texte, le relancer (« Et les os dispersés du géant d'Épidaure »), qu'on peut entendre : « é-lé-zo-disse-Perssés-du-gé-ant-dé-pi-dAUre », ou, plus loin encore, ce « fu-mant du-sang du-Mi no-taure – entendez les U, les AN, les O, AU, les « du-sang-du »). Tout cela est d'une grande beauté, qu'il faudrait prendre le temps d'ausculter comme un merveilleux organisme à disséquer, ou, pour prendre une image sans doute plus agréable, un réseau d'étoiles à contempler sous un ciel nocturne, en été, tant les relations, les relais, les effets de rupture, les connexions sont riches.

Ce qui est à entendre dans *Phèdre*, c'est l'art de la symétrie des formes, qui sont autant de ponctuations, de mouvements, par l'adresse à l'autre, par la profération : « Quelle fureur…/Quel charme…/Quel poison…/Quel affreux…/De quel droit…/ Voulez-vous…/Vous laissez-vous…/Osez-vous…/Vous offensez…/Vous trahissez… », tout cela, par exemple, en une seule réplique, celle d'Œnone à Phèdre dans la scène 3 de l'acte I.

On peut parler de la technique d'écriture, de la construction dramatique, et pas seulement pour dire – encore – combien Racine est le maître des classiques, combien il répond à toutes les exigences du genre, et avec quelle hauteur il le fait. Mais l'on pourrait aussi parler de Racine comme d'un très grand scénariste, comme d'un auteur incroyable par l'art de ses ellipses (par exemple, quand Hippolyte vient annoncer à Aricie qu'il doit partir, au début de l'acte V, la scène a déjà eu lieu quand nous arrivons. Au lieu d'Hippolyte racontant, nous avons la réponse d'Aricie). Oui, chez Racine, pas de temps mort, tout file très vite. Hollywood a des leçons à prendre, et ne s'en prive pas.

Et pourtant, d'action, il n'y a que les mots. Toujours l'ambivalence du non-dit et du dit, du caché et du révélé, une sorte de sous-conversation, à l'instar de Nathalie Sarraute. Il est vrai que le langage parle aussi à l'au-delà. On s'adresse aux morts, aux dieux, on implore, on prie.

Les mots dans *Phèdre* sont d'une telle importance que l'une des grandes actions de la pièce, la mort d'Hippolyte, n'en est que le récit. C'est Théramène qui raconte le combat du fils de Thésée, et, cette mort qu'il raconte, il nous la met sous les yeux, au présent, comme si nous y étions. Cependant, il met en doute la vérité du récit : la vérité du merveilleux est comme écornée par un « on dit même que », qui laisse suggérer l'aspect mythique, inexact ou parcellaire, relatif, du récit. C'est d'une grande modernité tant cela tient à cette puissance d'évocation des mots – par la violence des images aussi, loin de la mièvrerie qu'on prête trop souvent aux classiques : Théramène, dans une sorte de travelling de l'horreur, découvre Hippolyte traîné par ses chevaux, le sang ayant teint les rochers, les ronces sur la route en dégouttant portent aussi de « ses cheveux les dépouilles sanglantes ».

Beckett a beaucoup aimé Racine, le corps s'y réalisant dans la voix. Et que Patrice Chéreau, metteur en scène du très contemporain Bernard-Marie Koltès, s'empare de *Phèdre*, n'a rien d'étonnant : il est de ceux qui connaissent les passerelles entre les époques, et combien la frontière qui sépare les formes et les discours n'est rien quand se retrouvent l'exigence d'une hauteur de langue, l'impératif de dire ce tremblement du drame humain, la beauté, l'émotion et cette douleur de l'amour, qui est ce que Phèdre partage avec nous. Parce que *Phèdre*, ce n'est pas qu'une grande œuvre majeure poétiquement, c'est aussi une histoire, des personnages, des situations.

Le thème a été élaboré par Euripide (480-406 av. J.-C.) à partir d'un motif de la mythologie grecque, celui de la figure de la marâtre amoureuse du fils de son mari. Euripide a consacré deux pièces à ce fils, *Hippolyte voilé* (texte disparu), et *Hippolyte couronné*, dont Racine se revendique. D'ailleurs, la première version de Racine s'intitulait *Hippolyte*, et celle de la première édition (1677), *Phèdre et Hippolyte.* Comme si son personnage s'était imposé progressivement, comme si Phèdre elle-même avait pris sa place au fur et à mesure.

Chez Euripide, elle n'a qu'un rôle secondaire, Hippolyte est le véritable héros de la pièce. Il semblerait, quoiqu'il ne s'en vante pas parce qu'il n'était pas d'usage, à cette époque, d'en faire l'éloge, que Racine se soit inspiré de la *Phèdre* de Sénèque. Ce dernier insiste sur le caractère monstrueux de la famille de Phèdre. Elle a une sœur, Ariane, qui aide Thésée à tuer le Minotaure, né des amours de Pasiphaé, mère de Phèdre, et d'un taureau sauvage. Racine, lui, n'insiste pas tant sur la nature, ni sur la monstruosité familiale. S'il y a inceste dans *Phèdre*, ce n'est pas à cause d'une tare congénitale, et la fatalité n'est que la conséquence d'un amour malheureux. Racine cherche autre chose.

Les dieux sont moins présents peut-être, la violence païenne pas autant au rendez-vous, mais les personnages, eux, n'en deviennent que plus complexes. La question centrale de *Phèdre*, c'est celle de la responsabilité des personnages. Ce qui constitue la grande force de la *Phèdre* de Racine, par rapport à celles de ses illustres prédécesseurs, c'est la complexité psychologique des protagonistes et de la situation. On pourrait résumer la pièce par l'équation suivante : 1. Thésée est le père d'Hippolyte. 2. Thésée est le mari de Phèdre, ce qui interdit à cette dernière d'aimer Hippolyte. 3. Aricie est la fille des ennemis de Thésée, ce qui interdit à Hippolyte de l'aimer. Sauf que Thésée, de disparu, est *annoncé* mort, avant de faire un retour fracassant. Parce que l'*annonce* de sa mort permet à Phèdre de faire l'*aveu*, d'abord à sa nourrice, ensuite à l'intéressé lui-même, de son amour pour Hippolyte, qui lui-même fera son *aveu* à Aricie.

D'aveux, de confessions, d'annonces, de proclamations, de prières : voilà de quoi est faite l'action de *Phèdre*, toujours les mots.

Ce qui est très beau chez Phèdre, à travers ce portrait de femme que dessine Racine, c'est que les dieux ne comptent pas tant que ça, que la fatalité est une conséquence. Phèdre est une femme qui n'est ni tout à fait coupable, ni tout à fait innocente, comme le dit Racine lui-même. C'est un portrait très nuancé, très riche, parce que c'est Œnone, la domestique, qui assume l'aspect machiavélique et cruel de sa maîtresse – celle-ci reste digne, honteuse de sa passion et ne pouvant pourtant y renoncer. Il y a un grand nombre de symétries entre les personnages, et, au fond, celle que je trouve la plus belle, dans sa discrétion, c'est ce qui unit

Phèdre à Hippolyte : celui-ci, dès le début, ne parle que de partir (pour retrouver son père, pour fuir l'infamie), et Phèdre, dès le début, que de mourir. Les deux auront bien la mort en commun à la fin, mais, pour autant, rien n'assure qu'ils se retrouveront par elle. Car leur amour est marqué par l'impossibilité à deux générations distinctes de se rencontrer au-delà du temps (ce que seule, pourtant, la mort pourrait réussir).

Le portrait de Phèdre, tout nous le rend plus beau, plus touchant, jusqu'à la présence d'Aricie (qu'on ne trouve ni chez Sénèque, ni chez Euripide), dont la jeunesse et la pureté ont su toucher Hippolyte, pour accabler encore davantage Phèdre d'une douleur qu'elle doit ajouter à son fardeau : la jalousie. Celle d'une femme sur le déclin envers une rivale plus jeune.

Au fond, on peut dire qu'Hippolyte n'aime pas Phèdre, pour les raisons symétriques qui font que sa belle-mère tombe amoureuse de lui. Phèdre dit qu'il est le portrait de son père, et, ce qu'elle prétend, qu'en Hippolyte c'est Thésée qu'elle aime. Ce qui est faux, bien sûr, même si, en Hippolyte, ce qu'elle aime c'est l'image de l'amour, de la jeunesse, l'image d'un héros qui serait comme arrêté dans le temps : immortel comme un dieu, mais un dieu incarné. Pour les mêmes raisons, mais inversement, Hippolyte ne peut aimer qu'Aricie, et non Phèdre.

De légères touches, subtiles, dressent le portrait d'une femme qui ne veut pas renoncer à la vie, dont la beauté est de haïr ses passions au nom de la morale, mais en même temps de ne pas savoir ou pouvoir y renoncer, comme elle ne peut pas renoncer à vouloir être une femme qui désire.

Jusqu'au bout elle refuse la fatalité de l'âge. Racine passe de la fatalité des dieux à celle de l'empêchement lié à la condition humaine : fatalité du sort des femmes dans des sociétés d'hommes, fatalité de la condition sociale, de la bienséance. Balzac et Flaubert ne sont pas encore là, mais déjà quelque chose d'un imaginaire lié à la psychologie dans un monde social et politique se met en place, dont Racine, sans le mesurer complètement, ouvre avec *Phèdre* une porte magnifique.

Qui est l'auteur ?

JEAN RACINE (1639-1699)

Racine naît en décembre 1639 dans la petite bourgade de La Ferté-Milon (Aisne) dans une modeste famille de fonctionnaires.

● L'élève de Port-Royal

• Sa mère meurt en 1641, son père en 1643. Orphelin, il est recueilli par sa grand-mère maternelle. Devenue veuve, elle se retire dans l'abbaye **janséniste de Port-Royal** des Champs (dans la vallée de Chevreuse, au sud-ouest de Paris).

> **L'abbaye janséniste de Port-Royal**
> Le jansénisme est une doctrine portant le nom de son initiateur le théologien hollandais Jansénius (1585-1638) qui donnait du catholicisme une austère interprétation. En France, l'abbaye de Port-Royal fut l'un des centres de diffusion les plus actifs de cette doctrine.

• Le jeune Racine l'y suit et y bénéficie d'une **solide formation gréco-latine**. Ses études se poursuivent au collège de Beauvais puis à Paris au collège d'Harcourt (l'actuel lycée Saint-Louis).

● Un dramaturge à succès

• En treize ans, depuis la création de *La Thébaïde* (1664), sa première pièce, Racine s'impose comme le **meilleur dramaturge de sa génération**. *Alexandre* (1665), *Andromaque* (1667), *Britannicus* (1669), *Bérénice* (1670), *Bajazet* (1672), *Mithridate* (1673), *Iphigénie* (1674) remportent d'éclatants succès. En 1672, Racine est élu à l'Académie Française.

● L'historiographe du roi

• En 1677, il est nommé **historiographe du roi**, chargé à ce titre de suivre Louis XIV et de consigner pour l'histoire ses faits et gestes. Racine renonce à son métier de dramaturge, indigne de son nouveau statut.

• S'il compose *Esther* en 1689 et *Athalie* en 1691, c'est sur la demande expresse de Mme de Maintenon (maîtresse puis seconde épouse de Louis XIV). Et ces deux tragédies bibliques seront jouées par les demoiselles de Saint-Cyr dans un cadre scolaire, non par des comédiens professionnels.

• Jusqu'à sa mort, en 1699, Racine exercera consciencieusement ses fonctions d'historiographe.

1677 — *Phèdre ou l'échec* (provisoire) d'un chef-d'œuvre

➤ *Phèdre* contre *Phèdre*

• Le vendredi 1er janvier 1677 est créée *Phèdre et Hippolyte*, titre initial de la tragédie de Racine, sur la scène de l'Hôtel de Bourgogne, le plus ancien et le plus prestigieux théâtre de Paris. Le dimanche 3 janvier 1677, Jacques Pradon (1632-1698), dramaturge sans grand talent, donne également une *Phèdre et Hippolyte* sur la scène rivale du Théâtre Guénégaud.

• Cette concurrence engendre vite une querelle entre les deux auteurs et les deux théâtres, allant même jusqu'à des menaces de mort !

➤ La défaite de Racine

• La *Phèdre* de Pradon recueille tout le mois de janvier les faveurs du public. Son **intrigue galante** plaît davantage que la **sombre violence des personnages** de Racine.

• Aux dires de ses amis, celui-ci est au désespoir. Au sommet de sa gloire, il subit son premier échec. Sa tragédie est sur le point de tomber, faute, pour le théâtre, de recettes suffisantes. En vain demande-t-il à la Cour d'interdire les représentations et l'impression de la *Phèdre* de Pradon. Le public continue de lui préférer son rival.

➤ Le succès de Racine

• Après deux mois, la situation s'inverse progressivement. Jouée six fois en février, cinq en mai, la pièce de Pradon disparaît ensuite de l'affiche tandis que celle de Racine s'impose.

• Sa *Phèdre* que Voltaire qualifiera de « chef-d'œuvre de l'esprit humain » connaît dès lors une fortune qui ne s'est depuis jamais démentie.

Frontispice de l'édition originale de la tragédie de Racine

Quel est le contexte historique ?

Sur le plan politique

▶ La fin du règne de Louis XIII, la Régence et la Fronde

• Principal ministre de Louis XIII, ardent défenseur d'un état monarchique fort, **Richelieu** meurt le 4 décembre 1642. Six mois plus tard, le 14 mai 1643, Louis XIII meurt à son tour. Son fils, le futur Louis XIV, n'a que cinq ans. S'ouvre une période d'**instabilité politique**.

• Veuve de Louis XIII, la reine **Anne d'Autriche** devient la **régente du royaume**. Elle s'appuie pour gouverner sur le **cardinal Mazarin**. Habile, cupide et hypocrite mais d'une intelligence supérieure et doté d'un sens aigu de la grandeur de l'État, cet Italien de naissance, passé au service de la France, défend la monarchie et protège le jeune roi.

• Complots, contestations et révoltes n'en éclatent pas moins. De 1648 à 1653, la **Fronde**, une guerre civile, oppose les parlementaires puis les princes et grands nobles au pouvoir central.

• Anne d'Autriche meurt en 1666, Mazarin en 1661. Débute le règne de Louis XIV.

▶ Les deux faces du règne de Louis XIV

• Louis XIV règne et gouverne directement. S'il a des ministres (Colbert, Louvois), il n'a pas de premier ministre. C'est le **triomphe de la monarchie absolue**.

• La première partie de son règne (jusque vers 1685) est éclatante et glorieuse. La paix de Nimègue qui met fin, en 1672, à la guerre de Hollande porte la puissance française à son apogée.

• La seconde partie du règne (jusqu'en 1715, date de la mort de Louis XIV) est désenchantée et désastreuse. En 1682, le roi quitte Paris et le Louvre pour s'installer à Versailles. Ses sujets y voient une forme d'abandon.

Que se passe-t-il à l'époque ?

1639	1642	1643	1648-1653	1661
NAISSANCE DE RACINE	MORT DE RICHELIEU	MORT DE LOUIS XIII DÉBUT DE LA RÉGENCE D'ANNE D'AUTRICHE MAZARIN, PRINCIPAL MINISTRE	FRONDE	DÉBUT DU R PERSONNEL DE LOUIS X

• En 1685, la **révocation de l'Édit de Nantes** accroît les tensions religieuses. L'Europe presque tout entière se coalise contre la France jugée trop impérialiste. C'est la ruineuse et meurtrière **guerre de la Ligue d'Augsbourg**.

Révocation de l'Édit de Nantes

> ## Sur le plan économique et social

🔹 Le développement d'une industrie et du commerce maritime

• Si l'économie du pays reste majoritairement une économie agricole, un secteur industriel se développe sous l'influence notamment de Colbert. Des facilités fiscales favorisent la **création de manufactures**.

• Le **commerce maritime** connaît un essor sans précédent, même si ses débouchés restent aléatoires : vers les Indes, vers la Méditerranée orientale (le Levant), vers la Baltique. La construction navale s'en trouve stimulée. Le tonnage de la flotte marchande double en vingt ans.

• Parallèlement, de **grands axes de circulation** sont créés ou améliorés : axes fluviaux avec le canal d'Orléans, le canal des Deux-Mers, entre Toulouse et Sète ; axes terrestres avec des routes menant à tous les grands ports et, pour des raisons militaires, dans le nord et l'est du pays.

🔹 Une société hiérarchisée et inégalitaire

• La France, qui compte alors vingt millions d'habitants, reste une **société très hiérarchisée**. Elle compte **trois «ordres»** : le **clergé**, la **noblesse** et le reste de la population rangée dans la catégorie du **«tiers état»** sur qui pèse l'essentiel de l'activité et des impôts.

...66	**1672-1678**	**1682**	**1685**	**1686**	**1699**
...ORT D'ANNE ...UTRICHE	GUERRE DE HOLLANDE	INSTALLATION DU ROI ET DE LA COUR À VERSAILLES	RÉVOCATION DE L'ÉDIT DE NANTES	GUERRE DE LA LIGUE D'AUGSBOURG	MORT DE RACINE

Quel est le contexte culturel et artistique ?

L'épanouissement du classicisme (1660-1685)

- Le classicisme bénéficie d'un contexte favorable :
- Un **mécénat royal actif**. Louis XIV subventionne et protège artistes, écrivains et scientifiques.
- Un **public homogène**, curieux d'art et de savoir : la « Cour et la Ville » (la haute bourgeoisie parisienne).
- Un **même idéal mondain** : l'« honnête-té ». Est « honnête homme ou femme » qui sait briller et plaire en société. On s'intéresse à tout sans verser dans l'érudition. On fuit la démesure, les excès, l'étalage de soi. On privilégie la précision, les nuances.

> **Le mécénat royal**
> Sous Louis XIV sont créées : en 1663 l'Académie des inscriptions et belles lettres ; en 1666, l'Académie des sciences ; en 1672, l'Académie royale de musique. Fondée en 1635, l'Académie française voit son prestige renforcé.

- S'imposant à partir de 1660, le **classicisme domine les arts** jusque vers 1685, sans toutefois jamais complètement disparaître.

► L'âge d'or du théâtre

- Le théâtre connaît deux prestigieuses décennies avec **Corneille et Racine**. Si ceux-ci sont les plus grands, ils ne sont pas les seuls. Jeune frère de Corneille, **Thomas Corneille** (1625-1709) remporte de beaux succès depuis son *Timocrate* (1656) comme avec *Ariane* (1672). Philippe Quinault (1635-1688) donne *Astrate* (1664).
- La comédie conquiert ses lettres de noblesse. Des *Précieuses ridicules* (1659) au *Malade imaginaire* (1673), toute l'œuvre de **Molière** s'inscrit dans cette période classique.

Que se passe-t-il sur le plan littéraire et culturel ?

1639	1642	1664	1666-1668	1668
NAISSANCE DE RACINE	CORNEILLE, *CINNA, POLYEUCTE*	MOLIÈRE, *TARTUFFE*	BOILEAU, *SATIRES*	LA FONTAINE, *FABLES* (I-VI)

🢒 Une exceptionnelle floraison d'œuvres et de talents

Presque toutes les formes et genres littéraires revêtent un nouvel éclat.

• **La Fontaine** (1621-1695) réhabilite la **fable** qui, avec lui, est moins que jamais un genre enfantin. Ses *Fables* paraissent de 1668 à 1694. **Madame de La Fayette** (1637-1693) renouvelle le **genre du roman** avec *La Princesse de Clèves* (1678). **La Bruyère** (1645-1696) s'adonne à l'**observation sociologique** avec *Les Caractères* (1re éd. 1688).

• Avec l'**opéra**, un genre nouveau naît, fruit de la collaboration de **Quinault** (pour le livret) et du compositeur Lully (pour la partition), quand ils donnent en 1673 *Cadmus et Hermione*. En **musique** domine à côté de **Lully Marc-Antoine Charpentier**. En **peinture**, les principaux maîtres sont **Nicolas Poussin**, **Claude Lorrain** et **Charles Lebrun**.

Comédie en musique, à Versailles

La Querelle des Anciens et des Modernes (1676-1715)

• **Son enjeu** : construit sur l'imitation des Anciens (des Grecs et des Latins), considérés comme des modèles insurpassables, le classicisme se voit remis en question. Leur **supériorité** est remise en cause par les « Modernes ».

• Parmi les « **Modernes** » : **Charles Perrault** (l'auteur des *Contes*) qui dans ses volumineux *Parallèles des Anciens et des Modernes* (1688-1698) soutient qu'en tous domaines (littéraire, architectural, scientifique) **son époque surpasse l'Antiquité**.

• Parmi les « **Anciens** » qui pensent le contraire : **Racine, La Fontaine, La Bruyère** et **Boileau** qui apparaît comme leur chef de file. La « Querelle » se clôt sur un accord diplomatique consistant à dire que chacun a été « moderne » à son époque. C'est **reconnaître le déclin du classicisme.**

1670	1677	1678	1688	1699
PASCAL, *PENSÉES*	RACINE, *PHÈDRE*	Mme DE LA FAYETTE, *LA PRINCESSE DE CLÈVES*	LA BRUYÈRE, *LES CARACTÈRES*	MORT DE RACINE

Pourquoi vous allez AIMER CETTE PIÈCE

▶ *Pourquoi vous allez aimer* **L'HISTOIRE**

Parce que c'est l'histoire d'un **amour fou**, né d'un **coup de foudre irrésistible**, et d'un amour en définitive impossible. Les **tabous** s'en trouvent bousculés : l'ombre de l'inceste plane sur la passion de Phèdre pour son beau-fils. Les bienséances en sont **transgressées** : ce qui doit être caché finit par être révélé. L'ordre politique en chancelle : qui régnera aujourd'hui et demain sur Athènes ? L'amour se révèle une terrible **puissance destructrice**.

▶ *Pourquoi vous allez aimer le* **PERSONNAGE**

Parce que Phèdre est une **femme déchirée**. Éperdue d'amour, elle a **honte d'aimer**. Elle se dit victime d'une vengeance divine et elle n'est victime que d'elle-même. Elle qui préfère mourir plutôt que d'avouer sa passion, parle malgré elle. Elle qui, reine, se soucie de sa gloire se perd de réputation : la jalousie la conduit à mentir, calomnier. Devenue un **monstre** à ses propres yeux et aux yeux des autres, elle se suicide par remords. Phèdre ou mourir d'aimer.

▶ *Pourquoi vous allez aimer cette* **TRAGÉDIE**

Parce que c'est un **chef-d'œuvre**. Les **règles de la dramaturgie** y sont respectées : dignité des personnages, unités de temps, de lieu, d'action, traitement nuancé de la mythologie... Les thèmes, mêlant l'amour à la politique, en sont variés. La **tension dramatique** s'y accentue d'acte en acte. La langue poétique, jouant sur les registres lyrique, épique, y est somptueuse. *Phèdre* est **le modèle même de la tragédie classique**.

Phèdre
(1677)

Préface (1677)

Voici encore une tragédie dont le sujet est pris d'Euripide[1]. Quoique j'aie suivi une route un peu différente de celle de cet auteur pour la conduite de l'action, je n'ai pas laissé d'enrichir ma pièce de tout ce qui m'a paru le plus éclatant dans la sienne. Quand je ne lui devrais que la seule idée du caractère de Phèdre, je pourrais dire que je lui dois ce que j'ai peut-être mis de plus raisonnable[2] sur le théâtre[3]. Je ne suis point étonné que ce caractère ait eu un succès si heureux du temps d'Euripide, et qu'il ait encore si bien réussi dans notre siècle, puisqu'il a toutes les qualités qu'Aristote[4] demande dans le héros de la tragédie, et qui sont propres à exciter la compassion et la terreur. En effet, Phèdre n'est ni tout à fait coupable, ni tout à fait innocente. Elle est engagée par sa destinée, et par

---

1. Euripide est l'un des plus célèbres dramaturges grecs de l'Antiquité (484-406 av. J.-C.), auteur d'*Hippolyte porte-couronne* (428 av. J.-C.). Racine s'était déjà inspiré de lui, notamment pour son *Iphigénie* (1674) ; d'où l'emploi de l'adverbe « encore » en début de phrase.

2. Raisonnable : Phèdre étant l'exemple même de la femme amoureuse égarée par sa passion, l'adjectif « raisonnable » que Racine utilise à son sujet peut étonner. C'est que l'adjectif n'a pas le sens moderne de « conforme à la raison », de « sage » mais de « conforme à son caractère » de femme amoureuse ; toutes ses actions découlent en effet de sa passion. Nous dirions aujourd'hui que Phèdre obéit à une implacable logique des sentiments.

3. Sur le théâtre : sur la scène.

4. Auteur d'une *Poétique*, Aristote (384-322 av. J.-C.) y expose les principales caractéristiques de la tragédie, dont celle de susciter chez le spectateur la terreur et la pitié. Cette *Poétique* était au XVIIᵉ siècle le traité auquel se référaient les dramaturges.

la colère des dieux, dans une passion illégitime dont elle a
15 horreur toute la première. Elle fait tous ses efforts pour la
surmonter. Elle aime mieux se laisser mourir que de la
déclarer à personne. Et lorsqu'elle est forcée de la découvrir,
elle en parle avec une confusion[1], qui fait bien voir que son
crime est plutôt une punition des dieux, qu'un mouvement
20 de sa volonté.

J'ai même pris soin de la rendre un peu moins odieuse[2]
qu'elle n'est dans les tragédies des Anciens, où elle se résout
d'elle-même à accuser Hippolyte. J'ai cru que la calomnie
avait quelque chose de trop bas[3] et de trop noir pour la mettre
25 dans la bouche d'une princesse, qui a d'ailleurs[4] des sentiments si nobles et si vertueux. Cette bassesse m'a paru plus
convenable à une nourrice, qui pouvait avoir des inclinations
plus serviles[5], et qui néanmoins n'entreprend cette fausse
accusation que pour sauver la vie et l'honneur de sa maîtresse.
30 Phèdre n'y donne les mains[6] que parce qu'elle est dans une
agitation d'esprit qui la met hors d'elle-même, et elle vient
un moment après dans le dessein[7] de justifier l'innocence, et
de déclarer la vérité.

---

1. Confusion : honte.

2. Odieuse : haïssable, qui suscite la haine.

3. Bas : vil, extrêmement méprisable. « Bas » mêle à la fois la bassesse sociale
(l'i-gnoble, le non noble) et la bassesse morale.

4. D'ailleurs : par ailleurs.

5. Serviles : basses, dignes d'une esclave ; le XVIIe siècle considérait que, sauf
exception, la grandeur morale et la grandeur d'âme allaient de pair avec une
haute naissance ; inversement, une basse naissance ne pouvait produire que de
bas sentiments.

6. N'y donne les mains : n'accepte de se comporter ainsi.

7. Dessein : intention.

Hippolyte est accusé dans Euripide et dans Sénèque[1] d'avoir en effet[2] violé sa belle-mère. *Vim corpus tulit*[3]. Mais il n'est ici accusé que d'en avoir eu le dessein. J'ai voulu épargner à Thésée une confusion[4] qui l'aurait pu rendre moins agréable aux spectateurs.

Pour ce qui est du personnage d'Hippolyte, j'avais remarqué dans les Anciens qu'on reprochait à Euripide de l'avoir représenté comme un philosophe exempt de toute imperfection[5]. Ce qui faisait que la mort de ce jeune prince causait beaucoup plus d'indignation que de pitié. J'ai cru lui devoir donner quelque faiblesse qui le rendrait un peu coupable envers son père, sans pourtant lui rien ôter de cette grandeur d'âme avec laquelle il épargne l'honneur de Phèdre, et se laisse opprimer[6] sans l'accuser. J'appelle faiblesse la passion qu'il ressent malgré lui pour Aricie, qui est la fille et la sœur des ennemis mortels de son père.

Cette Aricie n'est point un personnage de mon invention. Virgile[7] dit qu'Hippolyte l'épousa et en eut un fils après qu'Esculape l'eut ressuscité. Et j'ai lu encore dans quelques auteurs qu'Hippolyte avait épousé et emmené en Italie une jeune Athénienne de grande naissance, qui s'appelait Aricie, et qui avait donné son nom à une petite ville d'Italie.

---

1. Sénèque, philosophe et dramaturge latin (4 av. J.-C.-65 ap. J.-C.), est auteur d'une *Phèdre* dont Racine s'est également inspiré.

2. En effet : vraiment, réellement.

3. *Vim corpus tulit* : littéralement, mon corps a subi violence.

4. Confusion : honte.

5. Exempt de toute imperfection : qui n'a aucune imperfection.

6. Opprimer : accabler, maltraiter.

7. Dans son *Énéide* (livre VII, vers 761 et suivants), Virgile (vers 70-19 av. J.-C.) écrit en effet qu'Esculape, dieu de la médecine, ressuscita Hippolyte.

Je rapporte ces autorités[1], parce que je me suis très scrupuleusement attaché à suivre la fable[2]. J'ai même suivi l'histoire de Thésée telle qu'elle est dans Plutarque[3].

C'est dans cet historien que j'ai trouvé que ce qui avait donné occasion de croire que Thésée fût descendu dans les enfers pour enlever Proserpine[4], était un voyage que ce prince avait fait en Épire[5] vers la source de l'Achéron[6], chez un roi dont Pirithoüs[7] voulait enlever la femme, et qui arrêta Thésée prisonnier après avoir fait mourir Pirithoüs. Ainsi j'ai tâché de conserver la vraisemblance de l'histoire, sans rien perdre des ornements de la fable qui fournit extrêmement à la poésie. Et le bruit[8] de la mort de Thésée, fondé sur ce voyage fabuleux[9], donne lieu à Phèdre de faire une déclaration d'amour, qui devient une des principales causes de son malheur, et qu'elle n'aurait jamais osé faire tant qu'elle aurait cru que son mari était vivant.

Au reste, je n'ose encore assurer que cette pièce soit en effet la meilleure de mes tragédies. Je laisse et aux lecteurs et au temps à décider de son véritable prix[10]. Ce que je puis assurer, c'est que

---

1. Autorités : noms d'auteurs célèbres, qui font donc « autorité ».

2. Fable : mythologie.

3. Plutarque, historien et moraliste grec (vers 50-vers 125), est notamment l'auteur des *Vies parallèles*, dans la première desquelles celui-ci évoque la figure de Thésée.

4. Proserpine (Perséphone en grec) est la femme de Pluton (Hadès en grec), dieu des enfers.

5. L'Épire est une région du nord-est de la Grèce.

6. L'Achéron est un fleuve des enfers dans la mythologie.

7. Pirithoüs est le plus fidèle ami de Thésée.

8. Bruit : rumeur.

9. Fabuleux : extraordinaire et conforme à la fable, aux données de la mythologie.

10. Véritable prix : réelle valeur.

75 je n'en ai point fait où la vertu soit plus mise en jour[1] que dans celle-ci. Les moindres fautes y sont sévèrement punies. La seule pensée du crime y est regardée avec autant d'horreur que le crime même. Les faiblesses de l'amour y passent pour de vraies faiblesses. Les passions n'y sont présentées aux yeux que pour

80 montrer tout le désordre dont elles sont cause : et le vice y est peint partout avec des couleurs qui en font connaître et haïr la difformité[2]. C'est là proprement le but que tout homme qui travaille pour le public doit se proposer. Et c'est ce que les premiers poètes tragiques avaient en vue sur toute chose. Leur

85 théâtre était une école où la vertu n'était pas moins bien enseignée que dans les écoles des philosophes. Aussi Aristote[3] a bien voulu donner des règles du poème dramatique[4] ; et Socrate[5], le plus sage des philosophes, ne dédaignait pas de mettre la main aux tragédies d'Euripide. Il serait à souhaiter que nos ouvrages

90 fussent aussi solides et aussi pleins d'utiles instructions que ceux de ces poètes. Ce serait peut-être un moyen de réconcilier la tragédie avec quantité de personnes célèbres par leur piété et par leur doctrine[6], qui l'ont condamnée dans ces derniers temps, et qui en jugeraient sans doute plus favorablement, si les auteurs

95 songeaient autant à instruire leurs spectateurs qu'à les divertir[7], et s'ils suivaient en cela la véritable intention de la tragédie.

---

1. En jour : en lumière.

2. Difformité : laideur monstrueuse.

3. Sur Aristote, voir note 4, p. 23.

4. Dramaturges et théoriciens appelaient la tragédie « poème dramatique », parce qu'ils la considéraient comme une des formes de la poésie.

5. Célèbre philosophe grec (470-399 av. J.-C.), Socrate eut Platon pour disciple.

6. Allusion probable au *Traité de la comédie* de Pierre Nicole et plus généralement aux Jansénistes qui condamnaient le théâtre pour son immoralité.

7. « Instruire » et « divertir » sont les deux mots clés de la doctrine classique.

Acteurs[1]

THÉSÉE, fils d'Égée, roi d'Athènes.

PHÈDRE, femme de Thésée, fille de Minos[2] et de Pasiphaé[3].

HIPPOLYTE, fils de Thésée, et d'Antiope, reine des Amazones.

ARICIE, princesse du sang royal d'Athènes.

ŒNONE, nourrice et confidente de Phèdre.

THÉRAMÈNE, gouverneur d'Hippolyte.

ISMÈNE, confidente d'Aricie.

PANOPE, femme de la suite de Phèdre.

Gardes.

La scène est à Trézène[4], ville du Péloponnèse.

---

1. Le XVIIᵉ siècle ne faisait pas de différence entre « acteurs » et « personnages » ; il s'agit donc ici de la liste des personnages, traditionnellement présente dans toute édition d'une pièce de théâtre.

2. Minos est un roi de Crète et, après sa mort, un des trois juges aux enfers.

3. Pasiphaé est la fille du Soleil et de Persé.

4. Trézène est une cité grecque située sur la côte nord de l'Argolide.

Acte I

Scène première

HIPPOLYTE, THÉRAMÈNE

HIPPOLYTE

Le dessein[1] en est pris, je pars, cher Théramène,
Et quitte le séjour de l'aimable Trézène.
Dans le doute mortel dont je suis agité,
Je commence à rougir de mon oisiveté.
5   Depuis plus de six mois éloigné de mon père[2],
J'ignore le destin d'une tête si chère.
J'ignore jusqu'aux lieux qui le peuvent cacher.

THÉRAMÈNE

Et dans quels lieux, Seigneur, l'allez-vous donc chercher ?
Déjà pour satisfaire à[3] votre juste crainte,
10 J'ai couru les deux mers que sépare Corinthe[4].
J'ai demandé Thésée aux peuples de ces bords[5]

---

1. Dessein : résolution, décision.

2. Ce père est Thésée.

3. Pour satisfaire à : pour répondre à.

4. Reliant le Péloponnèse à la Grèce continentale, l'isthme de Corinthe sépare la mer Égée et la mer Ionienne.

5. Bords : rivages et, par extension, pays.

Où l'on voit l'Achéron[1] se perdre chez les morts.
J'ai visité l'Élide[2], et laissant le Ténare[3],
Passé jusqu'à la mer, qui vit tomber Icare[4].
15   Sur quel espoir nouveau, dans quels heureux climats
Croyez-vous découvrir la trace de ses pas ?
Qui sait même, qui sait si le roi votre père
Veut que de son absence on sache le mystère[5] ?
Et si lorsque avec vous nous tremblons pour ses jours,
20   Tranquille, et nous cachant de nouvelles amours[6],
Ce héros n'attend point qu'une amante abusée…

HIPPOLYTE

Cher Théramène, arrête, et respecte Thésée.
De ses jeunes erreurs[7] désormais revenu,
Par un indigne obstacle il n'est point retenu ;
25   Et fixant de ses vœux l'inconstance fatale[8],

---

1. L'Achéron est un fleuve censé prolonger sa course jusque dans les enfers.

2. L'Élide est une région située à l'ouest du Péloponnèse.

3. Le Ténare est un cap, au sud du Péloponnèse.

4. Icare est fils de l'architecte Dédale qui construisit le labyrinthe où était enfermé le Minotaure (le demi-frère de Phèdre), un monstre mi-homme mi-taureau. Dédale s'en évada par les airs après avoir fabriqué des ailes pour lui-même et pour son fils. Mais négligeant les recommandations de son père, Icare s'approcha trop du soleil. La cire de ses ailes fondit. Il tomba et se noya dans la mer qui porte désormais son nom : la mer Icarienne.

5. Mystère : secret.

6. Nouvelles amours : au pluriel, « amour » est féminin.

7. De ses jeunes erreurs : de ses erreurs de jeunesse ; Thésée passa longtemps pour un séducteur.

8. L'inconstance fatale : l'infidélité dramatiquement regrettable (« fatale ») par ses conséquences, parce que selon la légende Thésée était parti seconder son ami Pirithoüs dans une aventure sentimentale au cours de laquelle il aurait, selon la rumeur, trouvé la mort.

Phèdre depuis longtemps ne craint plus de rivale.
Enfin en le cherchant je suivrai mon devoir,
Et je fuirai ces lieux que je n'ose plus voir.

THÉRAMÈNE

Hé! depuis quand, Seigneur, craignez-vous la présence
30 De ces paisibles lieux, si chers à votre enfance,
Et dont je vous ai vu préférer le séjour
Au tumulte pompeux[1] d'Athène[2] et de la cour?
Quel péril, ou plutôt quel chagrin[3] vous en chasse?

HIPPOLYTE

Cet heureux temps n'est plus. Tout a changé de face
35 Depuis que sur ces bords les dieux ont envoyé
La fille de Minos et de Pasiphaé[4].

THÉRAMÈNE

J'entends[5]. De vos douleurs la cause m'est connue,
Phèdre ici vous chagrine[6], et blesse votre vue.
Dangereuse marâtre[7], à peine elle vous vit,

---

1. Tumulte pompeux : bruit exagéré d'une foule.

2. Racine écrit « Athène » sans « s » afin que le vers conserve ses douze syllabes ;
avec un « s », l'alexandrin aurait en effet treize syllabes.

3. Chagrin : inquiétude.

4. La fille de Minos et de Pasiphaé : il s'agit de Phèdre, qui a pour père Minos,
le roi de Crète, et pour mère Pasiphaé, la fille du Soleil.

5. J'entends : je comprends.

6. Vous chagrine : vous cause du déplaisir, vous importune.

7. Marâtre : Phèdre est la belle-mère d'Hippolyte, né des amours de Thésée et
d'Antiope, la reine des Amazones. Péjoratif de nos jours, le mot ne l'était pas
dans le vocabulaire de la tragédie (mais pouvait l'être dans celui d'une comédie).

40 Que votre exil d'abord signala son crédit[1].
Mais sa haine sur vous autrefois attachée,
Ou s'est évanouie, ou s'est bien relâchée.
Et d'ailleurs, quels périls vous peut faire courir
Une femme mourante, et qui cherche à mourir ?
45 Phèdre atteinte d'un mal qu'elle s'obstine à taire,
Lasse enfin d'elle-même, et du jour qui l'éclaire,
Peut-elle contre vous former quelques desseins[2] ?

HIPPOLYTE

Sa vaine inimitié[3] n'est pas ce que je crains.
Hippolyte en partant fuit une autre ennemie.
50 Je fuis, je l'avouerai, cette jeune Aricie[4],
Reste d'un sang[5] fatal conjuré contre nous.

THÉRAMÈNE

Quoi ! vous-même, Seigneur, la persécutez-vous ?
Jamais l'aimable sœur des cruels Pallantides,
Trempa-t-elle aux complots de ses frères perfides[6] ?
55 Et devez-vous haïr ses innocents appas[7] ?

---

1. **Crédit** : pouvoir, influence.

2. **Desseins** : projets.

3. **Sa vaine inimitié** : la haine supposée de Phèdre envers Hippolyte reste sans conséquences.

4. Aricie appartient à la famille de Pallas, frère d'Égée et oncle de Thésée. Pour conserver le trône d'Athènes, Thésée fit massacrer les cinquante fils de Pallas, les « Pallantides ». Seule Aricie, leur sœur, survécut. Aucun homme ne devait l'épouser sous peine de mort, afin que s'éteigne avec elle la lignée de Pallas.

5. **Sang** : famille.

6. **Perfides** : sans foi ni loi.

7. **Appas** : attraits physiques.

HIPPOLYTE

Si je la haïssais, je ne la fuirais pas.

THÉRAMÈNE

Seigneur, m'est-il permis d'expliquer votre fuite ?
Pourriez-vous n'être plus ce superbe[1] Hippolyte,
Implacable ennemi des amoureuses lois,
60 Et d'un joug que Thésée a subi tant de fois ?
Vénus[2] par votre orgueil si longtemps méprisée,
Voudrait-elle à la fin justifier Thésée ?
Et vous mettant au rang du reste des mortels,
Vous a-t-elle forcé d'encenser ses autels ?
65 Aimeriez-vous, Seigneur ?

HIPPOLYTE

                    Ami, qu'oses-tu dire ?
Toi qui connais mon cœur depuis que je respire,
Des sentiments d'un cœur si fier, si dédaigneux,
Peux-tu me demander le désaveu honteux ?
C'est peu qu'avec son lait une mère amazone[3]
70 M'ait fait sucer encor cet orgueil qui t'étonne.
Dans un âge plus mûr moi-même parvenu,
Je me suis applaudi, quand je me suis connu.
Attaché près de moi par un zèle sincère,
Tu me contais alors l'histoire de mon père.
75 Tu sais combien mon âme attentive à ta voix,

---

1. **Superbe** : fier, orgueilleux.

2. Vénus est la déesse de l'Amour.

3. **Une mère amazone** : Antiope, reine des Amazones, première épouse de Thésée et mère d'Hippolyte. Les Amazones étaient un peuple de femmes guerrières, qui méprisaient ouvertement les hommes et souvent tuaient leurs amants.

S'échauffait[1] aux récits de ses nobles exploits ;
Quand tu me dépeignais ce héros intrépide
Consolant les mortels de l'absence d'Alcide[2],
Les monstres étouffés, et les brigands punis,
80   Procruste, Cercyon, et Scirron, et Sinnis[3],
Et les os dispersés du géant d'Épidaure[4],
Et la Crète fumant du sang du Minotaure[5].
Mais quand tu récitais des faits moins glorieux,
Sa foi[6] partout offerte, et reçue en cent lieux,
85   Hélène à ses parents dans Sparte dérobée[7],
Salamine témoin des pleurs de Péribée[8],
Tant d'autres, dont les noms lui sont même échappés[9],
Trop crédules esprits que sa flamme a trompés[10] ;
Ariane aux rochers contant ses injustices[11],

---

1. **S'échauffait** : s'enflammait, s'enthousiasmait.

2. Alcide est l'autre nom d'Hercule, petit-fils d'Alcée, célèbre pour ses douze travaux.

3. Noms de quatre terrifiants brigands tués par Thésée.

4. Le géant d'Épidaure, Périphétès, tuait les voyageurs qu'il rencontrait. Il fut à son tour tué par Thésée.

5. Le Minotaure se nourrissait de jeunes Athéniens, garçons et filles. Thésée s'introduisit dans le labyrinthe où il vivait caché et le tua. Thésée put ressortir du labyrinthe grâce à un fil qu'Ariane, la sœur de Phèdre, lui avait remis.

6. **Sa foi** : son cœur.

7. Selon la légende, Thésée enleva Hélène à une époque où celle-ci n'était pas encore mariée au roi Ménélas.

8. Fille du roi Mégare, Péribée fut sauvée des griffes du Minotaure par Thésée, qui l'épousa puis l'abandonna. Elle épousa par la suite Télamon, le roi de Salamine.

9. **Les noms lui sont même échappés** : il a même oublié leurs noms.

10. **Trop crédules esprits que sa flamme a trompés** : esprits trop naïfs, que son amour a trompés.

11. Thésée abandonna Ariane dans l'île de Naxos.

90 Phèdre enlevée enfin sous de meilleurs auspices[1] ;
  Tu sais comme à regret écoutant ce discours,
  Je te pressais souvent d'en abréger le cours.
  Heureux ! si j'avais pu ravir à la mémoire[2]
  Cette indigne moitié d'une si belle histoire.
95 Et moi-même à mon tour je me verrais lié[3] ?
  Et les dieux jusque-là[4] m'auraient humilié ?
  Dans mes lâches soupirs d'autant plus méprisable,
  Qu'un long amas d'honneurs rend Thésée excusable,
  Qu'aucuns[5] monstres par moi domptés jusqu'aujourd'hui,
100 Ne m'ont acquis le droit de faillir[6] comme lui.
  Quand même ma fierté pourrait s'être adoucie,
  Aurais-je pour vainqueur dû choisir Aricie ?
  Ne souviendrait-il plus à mes sens égarés
  De l'obstacle éternel qui nous a séparés ?
105 Mon père la réprouve[7], et par des lois sévères
  Il défend de donner des neveux à ses frères ;
  D'une tige coupable[8] il craint un rejeton.
  Il veut avec leur sœur ensevelir leur nom,

---

1. Sous de meilleurs auspices : sous une meilleure destinée, dans des conditions plus favorables, parce que Thésée a fini par l'épouser ; c'est une concession aux bienséances classiques.

2. Ravir à la mémoire : faire oublier.

3. Lié : soumis à l'amour.

4. Jusque-là : jusqu'à ce point-là.

5. Contrairement à l'usage moderne, « aucun » pouvait au XVIIe siècle se mettre au pluriel.

6. Le droit de faillir : le droit de déchoir, de fauter comme lui.

7. Réprouve : condamne.

8. Cette « tige coupable » est celle des Pallantides (voir note 4, p. 32).

Et que jusqu'au tombeau soumise à sa tutelle[1],

110 Jamais les feux d'hymen[2] ne s'allument pour elle.

Dois-je épouser ses droits[3] contre un père irrité ?

Donnerai-je l'exemple à la témérité[4] ?

Et dans un fol amour ma jeunesse embarquée…

THÉRAMÈNE

Ah, Seigneur ! si votre heure est une fois marquée,

115 Le ciel de nos raisons ne sait point s'informer.

Thésée ouvre vos yeux en voulant les fermer,

Et sa haine irritant une flamme[5] rebelle,

Prête à son ennemie une grâce nouvelle.

Enfin d'un chaste amour pourquoi vous effrayer ?

120 S'il a quelque douceur, n'osez-vous l'essayer ?

En croirez-vous toujours un farouche[6] scrupule ?

Craint-on de s'égarer sur les traces d'Hercule ?

Quels courages[7] Vénus n'a-t-elle pas domptés !

Vous-même où seriez-vous, vous qui la combattez,

125 Si toujours Antiope à ses lois opposée,

D'une pudique ardeur n'eût brûlé pour Thésée ?

Mais que sert d'affecter un superbe discours[8] ?

---

1. **Soumise à sa tutelle** : soumise à son autorité.

2. **Les feux d'hymen** : les liens du mariage.

3. **Ses droits** : ses droits politiques, Aricie pouvant revendiquer contre Thésée le trône d'Athènes.

4. **Témérité** : grand courage.

5. **Flamme** : amour, dans la langue poétique de l'époque.

6. **Farouche** : sauvage.

7. **Quels courages** : quels cœurs.

8. **Affecter un superbe discours** : afficher, prononcer en apparence des paroles orgueilleuses.

Avouez-le, tout change. Et depuis quelques jours
On vous voit moins souvent, orgueilleux, et sauvage,
130 Tantôt faire voler un char sur le rivage,
Tantôt savant dans l'art par Neptune inventé[1],
Rendre docile au frein[2] un coursier[3] indompté.
Les forêts de nos cris moins souvent retentissent.
Chargés d'un feu secret vos yeux s'appesantissent.
135 Il n'en faut point douter, vous aimez, vous brûlez.
Vous périssez d'un mal que vous dissimulez.
La charmante Aricie a-t-elle su vous plaire ?

HIPPOLYTE

Théramène, je pars, et vais chercher mon père.

THÉRAMÈNE

Ne verrez-vous point Phèdre avant que de partir,
140 Seigneur ?

HIPPOLYTE

C'est mon dessein[4], tu peux l'en avertir.
Voyons-la, puisque ainsi mon devoir me l'ordonne.
Mais quel nouveau malheur trouble sa chère Œnone ?

---

1. Dieu des mers, Neptune passait pour avoir inventé « l'art » du domptage et de l'équitation.
2. Frein : pièce métallique fixée aux rênes et placée dans la bouche du cheval qui permet de le ralentir quand le cavalier tirait sur les rênes, de le « freiner » ; mors.
3. Coursier : cheval de guerre.
4. Dessein : intention.

Des clés
pour vous guider

Hippolyte décide de partir à la recherche de Thésée, son père, disparu depuis plusieurs mois. Son départ est aussi une fuite : moins par crainte de Phèdre, sa dangereuse belle-mère, que par peur d'aimer Aricie condamnée à ne jamais se marier.

1 **Quelle image de son père Hippolyte veut-il surtout retenir ?**

pour vous aider

- Analysez le double visage de Thésée.
- Indiquez quelles traces de son père Hippolyte veut suivre.
- Qu'est-ce que ce choix révèle de sa personnalité ?

2 **Quel portrait Théramène fait-il de Phèdre ?**

3 **Quels mystères enveloppent cette première scène ?**

4 GRAMMAIRE • **Analysez la proposition : « Quand même ma fierté pourrait s'être adoucie... » (v. 101) et justifiez l'emploi du conditionnel présent.**

pour vous aider

Remplacez « quand même » par une locution conjonctive de même sens.

POUR ALLER *plus loin*

ÉCRIT D'APPROPRIATION • Imaginez en quelques lignes l'exposition d'un récit.

pour vous aider

- Demandez-vous d'abord quelle histoire vous voulez raconter.
- Puis posez-vous les questions auxquelles toute exposition doit répondre.

Scène 2

HIPPOLYTE, ŒNONE

ŒNONE

Hélas, Seigneur! quel trouble au mien peut être égal ?
La reine touche presque à son terme fatal[1].
145 En vain à l'observer jour et nuit je m'attache.
Elle meurt dans mes bras d'un mal qu'elle me cache.
Un désordre éternel règne dans son esprit.
Son chagrin inquiet[2] l'arrache de son lit.
Elle veut voir le jour; et sa douleur profonde
150 M'ordonne toutefois d'écarter tout le monde...
Elle vient.

HIPPOLYTE

Il suffit, je la laisse en ces lieux,
Et ne lui montre point un visage odieux[3].

Scène 3

PHÈDRE, ŒNONE

PHÈDRE

N'allons point plus avant. Demeurons, chère Œnone.
Je ne me soutiens plus, ma force m'abandonne.
155 Mes yeux sont éblouis du jour que je revois,

---

1. Terme fatal: instant de la mort.
2. Inquiet: qui ne laisse aucun repos (sens latin).
3. Odieux: haïssable.

Et mes genoux tremblants se dérobent sous moi.
Hélas !

(Elle s'assied.)

ŒNONE

Dieux tout-puissants ! que nos pleurs vous apaisent.

PHÈDRE

Que ces vains ornements, que ces voiles[1] me pèsent !
Quelle importune main, en formant tous ces nœuds,
160 A pris soin sur mon front d'assembler mes cheveux ?
Tout m'afflige et me nuit[2], et conspire à me nuire.

ŒNONE

Comme on voit tous ses vœux l'un l'autre se détruire !
Vous-même condamnant vos injustes desseins,
Tantôt à vous parer[3] vous excitiez nos mains.
165 Vous-même rappelant votre force première,
Vous vouliez vous montrer et revoir la lumière ;
Vous la voyez, Madame, et prête à vous cacher,
Vous haïssez le jour que vous veniez chercher ?

PHÈDRE

Noble et brillant auteur d'une triste famille[4],
170 Toi, dont ma mère[5] osait se vanter d'être fille,

---

1. Ces « ornements » et « voiles » sont les vêtements que porte Phèdre.
2. Tout m'afflige et me nuit : tout m'accable et m'indispose.
3. Parer : embellir.
4. Ce « noble et brillant auteur » est le Soleil, dont Phèdre est la petite-fille.
5. Ma mère : Pasiphaé.

Qui peut-être rougis du trouble où tu me vois,
Soleil, je te viens voir pour la dernière fois.

ŒNONE

Quoi ! vous ne perdrez point cette cruelle envie ?
Vous verrai-je toujours, renonçant à la vie,
175 Faire de votre mort les funestes apprêts [1] ?

PHÈDRE

Dieux ! Que ne suis-je assise à l'ombre des forêts !
Quand pourrai-je au travers d'une noble poussière
Suivre de l'œil un char fuyant dans la carrière [2] ?

ŒNONE

Quoi, Madame !

PHÈDRE

Insensée, où suis-je ? et qu'ai-je dit ?
180 Où laissé-je égarer mes vœux, et mon esprit ?
Je l'ai perdu. Les dieux m'en ont ravi l'usage.
Œnone, la rougeur me couvre le visage,
Je te laisse trop voir mes honteuses douleurs,
Et mes yeux malgré moi se remplissent de pleurs.

ŒNONE

185 Ah ! s'il vous faut rougir, rougissez d'un silence,
Qui de vos maux encore aigrit la violence [3].

---

1. **Funestes apprêts** : sinistres préparatifs.
2. **Dans la carrière** : dans l'enclos réservé aux courses de chevaux.
3. **Un silence qui de vos maux encore aigrit la violence** : un silence qui ne fait qu'aggraver vos souffrances.

Rebelle à tous nos soins, sourde à tous nos discours,
Voulez-vous sans pitié laisser finir vos jours ?
Quelle fureur les borne au milieu de leur course [1] ?
190 Quel charme ou quel poison en a tari la source ?
Les ombres par trois fois ont obscurci les cieux,
Depuis que le sommeil n'est entré dans vos yeux ;
Et le jour a trois fois chassé la nuit obscure,
Depuis que votre corps languit sans nourriture.
195 À quel affreux dessein vous laissez-vous tenter ?
De quel droit sur vous-même osez-vous attenter ?
Vous offensez les dieux auteurs de votre vie.
Vous trahissez l'époux à qui la foi [2] vous lie,
Vous trahissez enfin vos enfants malheureux,
200 Que vous précipitez sous un joug rigoureux [3].
Songez qu'un même jour leur ravira leur mère,
Et rendra l'espérance au fils de l'étrangère,
À ce fier ennemi de vous, de votre sang,
Ce fils qu'une Amazone a porté dans son flanc,
205 Cet Hippolyte…

PHÈDRE

Ah Dieux !

ŒNONE

Ce reproche vous touche.

---

1. Quelle fureur les borne au milieu de leur course : quelle folie vous pousse
à abréger vos jours, alors que vous pouvez vivre encore longtemps. **Les borne** :
les limite.

2. Foi : parole donnée lors du mariage.

3. Joug rigoureux : sous un pouvoir, une autorité, très sévère. Celle d'Hippolyte
dans l'hypothèse où les enfants de Phèdre n'auraient plus leur mère pour les protéger.

PHÈDRE

Malheureuse, quel nom est sorti de ta bouche ?

ŒNONE

Hé bien, votre colère éclate avec raison.
J'aime à vous voir frémir à ce funeste nom.
Vivez donc. Que l'amour, le devoir vous excite[1].
210   Vivez, ne souffrez pas que le fils d'une Scythe[2],
Accablant vos enfants d'un empire odieux[3],
Commande au plus beau sang de la Grèce, et des dieux.
Mais ne différez point[4], chaque moment vous tue.
Réparez promptement votre force abattue,
215   Tandis que de vos jours prêts à se consumer
Le flambeau dure encore, et peut se rallumer.

PHÈDRE

J'en ai trop prolongé la coupable durée.

ŒNONE

Quoi ! de quelques remords êtes-vous déchirée ?
Quel crime a pu produire un trouble si pressant ?
220   Vos mains n'ont point trempé dans le sang innocent ?

PHÈDRE

Grâces au ciel, mes mains ne sont point criminelles.
Plût aux dieux que mon cœur fût innocent comme elles !

---

1. **Excite** : encourage.
2. Il s'agit d'Hippolyte ; voisins des Amazones, les Scythes passaient pour être un peuple brutal et sauvage.
3. **Empire odieux** : pouvoir détestable.
4. **Ne différez point** : ne repoussez pas à plus tard.

ŒNONE

Et quel affreux projet avez-vous enfanté,
Dont votre cœur encor doive être épouvanté ?

PHÈDRE

225 Je t'en ai dit assez. Épargne-moi le reste.
Je meurs, pour ne point faire un aveu si funeste.

ŒNONE

Mourez donc, et gardez un silence inhumain.
Mais pour fermer vos yeux cherchez une autre main.
Quoiqu'il vous reste à peine une faible lumière,
230 Mon âme chez les morts descendra la première.
Mille chemins ouverts y conduisent toujours,
Et ma juste douleur choisira les plus courts.
Cruelle, quand ma foi [1] vous a-t-elle déçue ?
Songez-vous qu'en naissant mes bras vous ont reçue ?
235 Mon pays, mes enfants, pour vous j'ai tout quitté.
Réserviez-vous ce prix à ma fidélité ?

PHÈDRE

Quel fruit espères-tu de tant de violence ?
Tu frémiras d'horreur si je romps le silence.

ŒNONE

Et que me direz-vous, qui ne cède, grands dieux !
240 À l'horreur de vous voir expirer à mes yeux ?

---

1. **Ma foi** : mon dévouement, ma fidélité.

PHÈDRE

Quand tu sauras mon crime, et le sort qui m'accable,
Je n'en mourrai pas moins, j'en mourrai plus coupable.

ŒNONE

Madame, au nom des pleurs que pour vous j'ai versés,
Par vos faibles genoux que je tiens embrassés,
245 Délivrez mon esprit de ce funeste doute.

PHÈDRE

Tu le veux. Lève-toi.

ŒNONE

Parlez. Je vous écoute.

PHÈDRE

Ciel ! que lui vais-je dire ? Et par où commencer ?

ŒNONE

Par de vaines frayeurs cessez de m'offenser[1].

PHÈDRE

Ô haine de Vénus ! Ô fatale colère !
250 Dans quels égarements l'amour jeta ma mère[2] !

ŒNONE

Oublions-les, Madame. Et qu'à tout l'avenir
Un silence éternel cache ce souvenir.

---

1. **M'offenser** : me blesser.
2. Pasiphaé s'éprit d'un taureau dont elle eut un fils, le Minotaure. C'est pour cacher le fruit de cet amour contre nature que le roi Minos fit construire par Dédale un labyrinthe d'où le Minotaure ne pourrait s'échapper.

PHÈDRE

Ariane, ma sœur ! De quel amour blessée,
Vous mourûtes aux bords où vous fûtes laissée[1] ?

ŒNONE

255 Que faites-vous, Madame ? Et quel mortel ennui[2],
Contre tout votre sang[3] vous anime aujourd'hui ?

PHÈDRE

Puisque Vénus le veut, de ce sang déplorable
Je péris la dernière, et la plus misérable.

ŒNONE

Aimez-vous ?

PHÈDRE

De l'amour j'ai toutes les fureurs.

ŒNONE

260 Pour qui ?

PHÈDRE

Tu vas ouïr[4] le comble des horreurs.
J'aime… À ce nom fatal je tremble, je frissonne.
J'aime…

---

1. Ariane aimée puis abandonnée sur les rivages de l'île de Naxos par Thésée, qui lui préféra sa sœur, Phèdre.
2. Mortel ennui : désespoir mortel. Le mot « ennui » possède alors un sens très fort.
3. Sang : famille.
4. Ouïr : entendre.

ŒNONE

Qui ?

PHÈDRE
Tu connais ce fils de l'Amazone,
Ce prince si longtemps par moi-même opprimé.

ŒNONE
Hippolyte ! Grands dieux !

PHÈDRE
C'est toi qui l'as nommé.

ŒNONE
265   Juste ciel ! tout mon sang dans mes veines se glace.
Ô désespoir ! Ô crime ! Ô déplorable race !
Voyage infortuné ! Rivage malheureux !
Fallait-il approcher de tes bords dangereux ?

PHÈDRE
Mon mal vient de plus loin. À peine au fils d'Égée[1],
270   Sous les lois de l'hymen[2] je m'étais engagée,
Mon repos, mon bonheur semblait être affermi,
Athènes me montra mon superbe ennemi.
Je le vis, je rougis, je pâlis à sa vue.
Un trouble s'éleva dans mon âme éperdue[3].
275   Mes yeux ne voyaient plus, je ne pouvais parler,

---

1. Fils d'Égée : il s'agit de Thésée.
2. De l'hymen : du mariage.
3. Éperdue : égarée.

Je sentis tout mon corps et transir[1], et brûler.

Je reconnus Vénus, et ses feux redoutables,

D'un sang[2] qu'elle poursuit tourments inévitables.

Par des vœux assidus je crus les détourner,

280 Je lui bâtis un temple, et pris soin de l'orner.

De victimes[3] moi-même à toute heure entourée,

Je cherchais dans leurs flancs ma raison égarée,

D'un incurable amour remèdes impuissants !

En vain sur les autels ma main brûlait l'encens,

285 Quand ma bouche implorait le nom de la déesse,

J'adorais Hippolyte, et le voyant sans cesse,

Même au pied des autels que je faisais fumer[4],

J'offrais tout à ce dieu, que je n'osais nommer.

Je l'évitais partout. Ô comble de misère !

290 Mes yeux le retrouvaient dans les traits de son père.

Contre moi-même enfin j'osai me révolter.

J'excitai mon courage à le persécuter.

Pour bannir l'ennemi dont j'étais idolâtre,

J'affectai les chagrins d'une injuste marâtre,

295 Je pressai son exil, et mes cris éternels

L'arrachèrent du sein, et des bras paternels.

Je respirais, Œnone ; et depuis son absence

Mes jours moins agités coulaient dans l'innocence.

Soumise à mon époux, et cachant mes ennuis[5],

---

1. **Transir** : transir de froid, être pénétré de froid.

2. **Sang** : famille, lignée.

3. **Victimes** : animaux sacrifiés par Phèdre pour apaiser la colère de Vénus.

4. La fumée est celle de l'encens.

5. **Ennuis** : tourments graves et désespérants ; le mot « ennui » possède alors un sens très fort.

300 De son fatal hymen je cultivais les fruits[1].
Vaines précautions ! Cruelle destinée !
Par mon époux lui-même à Trézène amenée
J'ai revu l'ennemi que j'avais éloigné.
Ma blessure trop vive aussitôt a saigné.
305 Ce n'est plus une ardeur dans mes veines cachée ;
C'est Vénus toute entière à sa proie attachée.
J'ai conçu pour mon crime une juste terreur.
J'ai pris la vie en haine, et ma flamme en horreur.
Je voulais en mourant prendre soin de ma gloire,
310 Et dérober au jour une flamme si noire.
Je n'ai pu soutenir tes larmes, tes combats.
Je t'ai tout avoué, je ne m'en repens pas,
Pourvu que de ma mort respectant les approches
Tu ne m'affliges plus par d'injustes reproches,
315 Et que tes vains secours cessent de rappeler
Un reste de chaleur, tout prêt à s'exhaler[2].

---

1. **Les fruits** : image pour évoquer les fils que Phèdre eut de Thésée, Demophon et Acamas, qui n'apparaissent jamais dans la pièce, même s'il y est fait plusieurs fois mention.
2. **Un reste de chaleur, tout prêt à s'exhaler** : un reste de vie sur le point de s'échapper. C'est une périphrase pour « mourir ».

Un mal mystérieux qu'elle s'obstine à taire ronge Phèdre. Mais elle préfère mourir plutôt que de parler. Œnone, sa nourrice, finit par lui arracher son secret : elle brûle d'amour pour Hippolyte.

1 **Étudiez comment Œnone contraint Phèdre à parler.**

pour vous aider

• Observez le jeu des questions, toujours plus pressantes (v. 255 et suivants).
• Observez comment Phèdre répond aux questions d'Œnone.
• Observez la *périphrase* par laquelle Phèdre nomme Hippolyte (v. 262). Rappelons qu'une *périphrase* est une figure de style consistant à ne pas nommer directement une personne ou une chose. Elle possède souvent une fonction poétique ou psychologique.

2 **Quelle description Phèdre fait-elle du coup de foudre qu'elle a éprouvé en voyant Hippolyte ?**

3 **Comment Phèdre a-t-elle tenté de lutter contre sa passion ?**

4 GRAMMAIRE • **Repérez deux compléments d'agent dans les vers 260 à 305.**

pour vous aider

Le complément d'agent n'existe qu'avec un verbe à la voix passive. Il indique l'être ou l'objet qui agit.

POUR ALLER *plus loin*

LECTURE CURSIVE • Relisez l'acte III, scène 8 d'*Andromaque* (1667), la tragédie de Racine, puis comparez les rôles d'Œnone et de Céphise, confidente d'Andromaque.

Scène 4

PHÈDRE, ŒNONE, PANOPE

PANOPE

Je voudrais vous cacher une triste nouvelle,
Madame. Mais il faut que je vous la révèle.
La mort vous a ravi votre invincible époux,
320 Et ce malheur n'est plus ignoré que de vous.

ŒNONE

Panope, que dis-tu ?

PANOPE

Que la reine abusée[1]
En vain demande au ciel le retour de Thésée,
Et que par des vaisseaux arrivés dans le port
Hippolyte son fils vient d'apprendre sa mort.

PHÈDRE

325 Ciel !

PANOPE

Pour le choix d'un maître Athènes se partage.
Au prince votre fils[2] l'un donne son suffrage,
Madame, et de l'État l'autre oubliant les lois
Au fils de l'étrangère ose donner sa voix.
On dit même qu'au trône une brigue insolente[3]

---

1. **Abusée** : induite en erreur, trompée.
2. **Au prince votre fils** : Acamas.
3. **Une brigue insolente** : une cabale téméraire, un complot effronté.

330 Veut placer Aricie, et le sang de Pallante[1].
J'ai cru de ce péril vous devoir avertir.
Déjà même Hippolyte est tout prêt à partir,
Et l'on craint, s'il paraît dans ce nouvel orage,
Qu'il n'entraîne après lui tout un peuple volage[2].

ŒNONE

335 Panope, c'est assez. La reine qui t'entend,
Ne négligera point cet avis important.

Scène 5

PHÈDRE, ŒNONE

ŒNONE

Madame, je cessais de vous presser de vivre.
Déjà même au tombeau je songeais à vous suivre.
Pour vous en détourner je n'avais plus de voix.
340 Mais ce nouveau malheur vous prescrit[3] d'autres lois.
Votre fortune[4] change et prend une autre face.
Le roi n'est plus, Madame, il faut prendre sa place.
Sa mort vous laisse un fils à qui vous vous devez,
Esclave, s'il vous perd, et roi, si vous vivez.
345 Sur qui dans son malheur voulez-vous qu'il s'appuie ?
Ses larmes n'auront plus de main qui les essuie.

---

1. Sur les Pallantes, voir note 4, p. 32.
2. **Un peuple volage** : un peuple qui change d'avis rapidement, versatile.
3. **Prescrit** : ordonne, impose.
4. **Fortune** : sort, destinée.

Et ses cris innocents portés jusques aux dieux,
Iront contre sa mère irriter ses aïeux.
Vivez, vous n'avez plus de reproche à vous faire.
350 Votre flamme devient une flamme ordinaire.
Thésée en expirant vient de rompre les nœuds[1],
Qui faisaient tout le crime et l'horreur de vos feux.
Hippolyte pour vous devient moins redoutable,
Et vous pouvez le voir sans vous rendre coupable.
355 Peut-être convaincu de votre aversion[2]
Il va donner un chef à la sédition[3].
Détrompez son erreur, fléchissez son courage.
Roi de ces bords heureux, Trézène est son partage[4].
Mais il sait que les lois donnent à votre fils
360 Les superbes remparts[5] que Minerve[6] a bâtis.
Vous avez l'un et l'autre une juste ennemie.
Unissez-vous tous deux pour combattre Aricie.

PHÈDRE

Hé bien! À tes conseils je me laisse entraîner,
Vivons, si vers la vie on peut me ramener,
365 Et si l'amour d'un fils en ce moment funeste
De mes faibles esprits peut ranimer le reste.

Fin du premier acte.

---

1. **Nœuds** : liens du mariage ; Thésée étant mort, Phèdre, veuve, n'est plus la belle-mère d'Hippolyte.

2. **Aversion** : haine.

3. Hippolyte va devenir le chef de la révolte contre Phèdre et son fils. C'est du moins ce que suggère Œnone.

4. **Trézène est son partage** : Trézène lui revient de droit.

5. Ces « remparts » sont ceux d'Athènes.

6. Minerve est l'autre nom de la déesse Athéna, fondatrice légendaire d'Athènes.

Acte II

Scène première

ARICIE, ISMÈNE

ARICIE

Hippolyte demande à me voir en ce lieu ?
Hippolyte me cherche, et veut me dire adieu ?
Ismène, dis-tu vrai ? N'es-tu point abusée[1] ?

ISMÈNE

370 C'est le premier effet de la mort de Thésée.
Préparez-vous, Madame, à voir de tous côtés
Voler vers vous les cœurs par Thésée écartés.
Aricie à la fin[2] de son sort est maîtresse,
Et bientôt à ses pieds verra toute la Grèce.

ARICIE

375 Ce n'est donc point, Ismène, un bruit mal affermi[3] ?
Je cesse d'être esclave, et n'ai plus d'ennemi ?

---

1. N'es-tu point abusée : ne t'es-tu point trompée.
2. À la fin : enfin.
3. Mal affermi : peu fiable, mal assuré.

ISMÈNE

Non, Madame, les dieux ne vous sont plus contraires,
Et Thésée a rejoint les mânes[1] de vos frères.

ARICIE

Dit-on quelle aventure a terminé ses jours ?

ISMÈNE

380   On sème de sa mort[2] d'incroyables discours.
On dit que ravisseur d'une amante nouvelle
Les flots ont englouti cet époux infidèle.
On dit même, et ce bruit est partout répandu,
Qu'avec Pirithoüs[3] aux enfers descendu
385   Il a vu le Cocyte[4] et les rivages sombres,
Et s'est montré vivant aux infernales ombres[5] ;
Mais qu'il n'a pu sortir de ce triste séjour,
Et repasser les bords, qu'on passe sans retour.

ARICIE

Croirai-je qu'un mortel avant sa dernière heure
390   Peut pénétrer des morts la profonde demeure ?
Quel charme[6] l'attirait sur ces bords redoutés ?

1. **Mânes** : l'âme des morts.
2. **On sème de sa mort d'incroyables discours** : on répand sur sa mort des histoires incroyables.
3. Pirithoüs est un ami fidèle de Thésée.
4. Le Cocyte est l'un des fleuves des enfers.
5. **Infernales ombres** : les ombres (âmes) des morts errant aux enfers.
6. **Charme** : attirance quasi magique, attrait.

ISMÈNE

Thésée est mort, Madame, et vous seule en doutez.
Athènes en gémit, Trézène en est instruite,
Et déjà pour son roi reconnaît Hippolyte.
395 Phèdre dans ce palais tremblante[1] pour son fils,
De ses amis troublés demande les avis.

ARICIE

Et tu crois que pour moi plus humain que son père
Hippolyte rendra ma chaîne[2] plus légère ?
Qu'il plaindra mes malheurs ?

ISMÈNE

                Madame, je le crois.

ARICIE

400 L'insensible[3] Hippolyte est-il connu de toi ?
Sur quel frivole espoir penses-tu qu'il me plaigne,
Et respecte en moi seule un sexe qu'il dédaigne ?
Tu vois depuis quel temps[4] il évite nos pas,
Et cherche tous les lieux où nous ne sommes pas.

ISMÈNE

405 Je sais de ses froideurs tout ce que l'on récite.
Mais j'ai vu près de vous ce superbe[5] Hippolyte.

---

1. **Tremblante** : au XVIIe siècle, le participe présent, aujourd'hui invariable, pouvait s'accorder en genre et en nombre (comme en latin).
2. **Chaîne** : dépendance politique (Aricie est soumise aux volontés de Thésée, voir note 4, p. 32).
3. **Insensible** : Hippolyte passait pour être insensible à l'amour.
4. **Depuis quel temps** : depuis combien de temps.
5. **Superbe** : orgueilleux.

Et même, en le voyant, le bruit de sa fierté[1]
A redoublé pour lui ma curiosité.
Sa présence à ce bruit n'a point paru répondre[2].
410   Dès vos premiers regards je l'ai vu se confondre[3].
Ses yeux, qui vainement voulaient vous éviter,
Déjà pleins de langueur[4] ne pouvaient vous quitter.
Le nom d'amant peut-être offense son courage.
Mais il en a les yeux, s'il n'en a le langage.

ARICIE

415   Que mon cœur, chère Ismène, écoute avidement
Un discours, qui peut-être a peu de fondement !
Ô toi ! qui me connais, te semblait-il croyable
Que le triste jouet[5] d'un sort impitoyable,
Un cœur toujours nourri d'amertume et de pleurs,
420   Dût connaître l'amour, et ses folles douleurs ?
Reste du sang d'un roi, noble fils de la terre[6],
Je suis seule échappée aux fureurs de la guerre,
J'ai perdu dans la fleur de leur jeune saison
Six frères, quel espoir d'une illustre maison !
425   Le fer[7] moissonna tout, et la terre humectée

---

1. Le bruit de sa fierté : sa réputation d'être farouche, sauvage, indifférent aux femmes.

2. Sa présence à ce bruit n'a point paru répondre : son apparence ne correspondait pas à ce qu'on disait de lui.

3. Se confondre : se troubler.

4. Langueur : attendrissement amoureux.

5. Triste jouet : Aricie elle-même.

6. Noble fils de la terre : Érechthée, ancêtre des Pallantides et l'un des tout premiers rois de l'Attique.

7. Fer : épée.

But à regret le sang des neveux [1] d'Érechthée [2].
Tu sais depuis leur mort quelle sévère loi
Défend à tous les Grecs de soupirer pour moi.
On craint que de la sœur les flammes téméraires [3]
430 Ne raniment un jour la cendre de ses frères.
Mais tu sais bien aussi de quel œil dédaigneux
Je regardais ce soin [4] d'un vainqueur soupçonneux.
Tu sais que de tout temps à l'amour opposée,
Je rendais souvent grâce à l'injuste Thésée
435 Dont l'heureuse rigueur secondait mes mépris.
Mes yeux alors, mes yeux n'avaient pas vu son fils.
Non que par les yeux seuls lâchement enchantée
J'aime en lui sa beauté, sa grâce tant vantée,
Présents dont la nature a voulu l'honorer,
440 Qu'il méprise lui-même, et qu'il semble ignorer.
J'aime, je prise en lui de plus nobles richesses,
Les vertus de son père, et non point les faiblesses.
J'aime, je l'avouerai, cet orgueil généreux [5]
Qui jamais n'a fléchi sous le joug amoureux.
445 Phèdre en vain s'honorait des soupirs de Thésée.
Pour moi, je suis plus fière, et fuis la gloire aisée
D'arracher un hommage à mille autres offert,

---

1. Neveux : les descendants (sens latin).

2. Sur Érechthée, voir note 6, p. 57.

3. Flammes téméraires : amours illégales. Sur ordre de Thésée, Aricie ne doit aimer personne et n'être aimée de personne. Si elle aimait, elle transgresserait l'ordre de Thésée ; c'est en ce sens que ses « flammes » (ses amours) seraient « téméraires ».

4. Soin : souci, préoccupation.

5. Généreux : digne de sa haute naissance (en latin, *genus*, d'où provient « généreux », signifie « la race »).

Et d'entrer dans un cœur de toutes parts ouvert.

Mais de faire fléchir un courage inflexible,

450 De porter la douleur dans une âme insensible,

D'enchaîner un captif de ses fers [1] étonné,

Contre un joug [2] qui lui plaît vainement mutiné [3];

C'est là ce que je veux, c'est là ce qui m'irrite.

Hercule à désarmer coûtait moins qu'Hippolyte,

455 Et vaincu plus souvent, et plus tôt surmonté

Préparait moins de gloire aux yeux qui l'ont dompté.

Mais, chère Ismène, hélas! quelle est mon imprudence!

On ne m'opposera que trop de résistance.

Tu m'entendras peut-être, humble dans mon ennui,

460 Gémir du même orgueil que j'admire aujourd'hui.

Hippolyte aimerait? Par quel bonheur extrême

Aurais-je pu fléchir...

ISMÈNE
                          Vous l'entendrez lui-même.

Il vient à vous.

---

1. Dans la langue galante de l'époque, l'amour est souvent comparé à un esclavage, à une prison; d'où la métaphore des « fers » qui enchaînent.

2. **Joug**: pouvoir, autorité.

3. **Mutiné**: qui se révolte.

Scène 2

HIPPOLYTE, ARICIE, ISMÈNE

HIPPOLYTE

Madame, avant que de partir,
J'ai cru de votre sort vous devoir avertir.
465 Mon père ne vit plus. Ma juste défiance[1]
Présageait les raisons de sa trop longue absence.
La mort seule bornant ses travaux[2] éclatants
Pouvait à l'univers le cacher si longtemps.
Les dieux livrent enfin à la Parque homicide[3]
470 L'ami, le compagnon, le successeur d'Alcide[4].
Je crois que votre haine, épargnant ses vertus,
Écoute sans regret ces noms qui lui sont dus.
Un espoir adoucit ma tristesse mortelle.
Je puis vous affranchir d'une austère tutelle[5].
475 Je révoque[6] des lois dont j'ai plaint la rigueur,
Vous pouvez disposer de vous, de votre cœur.
Et dans cette Trézène aujourd'hui mon partage,
De mon aïeul Pitthée[7] autrefois l'héritage,

---

1. **Ma juste défiance** : mes légitimes inquiétudes ; mes inquiétudes que je crois justifiées.

2. **Travaux** : exploits.

3. **La Parque homicide** : il s'agit d'Atropos, l'une des trois Parques, qui en coupant le fil de la vie, provoquait la mort des humains ; d'où l'adjectif « homicide », qui tue.

4. Alcide est l'autre nom d'Hercule, fils d'Alcée.

5. **Austère tutelle** : sévère autorité, rude surveillance.

6. **Je révoque** : j'abolis, je supprime (les lois).

7. Pitthée est l'aïeul maternel de Thésée et le fondateur de la ville de Trézène.

Qui m'a sans balancer[1] reconnu pour son roi,
480 Je vous laisse aussi libre, et plus libre que moi.

ARICIE

Modérez des bontés, dont l'excès m'embarrasse.
D'un soin si généreux honorer ma disgrâce,
Seigneur, c'est me ranger, plus que vous ne pensez,
Sous ces austères lois, dont vous me dispensez.

HIPPOLYTE

485 Du choix d'un successeur Athènes incertaine
Parle de vous, me nomme, et le fils de la reine[2].

ARICIE

De moi, Seigneur?

HIPPOLYTE

Je sais, sans vouloir me flatter,
Qu'une superbe loi[3] semble me rejeter.
La Grèce me reproche une mère étrangère[4].
490 Mais si pour concurrent je n'avais que mon frère,
Madame, j'ai sur lui de véritables droits
Que je saurais sauver du caprice des lois.
Un frein plus légitime arrête mon audace.
Je vous cède, ou plutôt je vous rends une place,
495 Un sceptre, que jadis vos aïeux ont reçu

lib.
throne

---

1. Sans balancer: sans hésiter.
2. Le fils de la Reine: il s'agit d'Acamas, le fils aîné de Phèdre et de Thésée.
3. Superbe loi: loi rigoureuse, implacable.
4. Mère étrangère: Antiope, reine des Amazones, voir note 3, p. 33.

De ce fameux mortel[1] que la terre a conçu.
L'adoption[2] le mit entre les mains d'Égée.
Athènes par mon père accrue, et protégée
Reconnut avec joie un roi si généreux,
500 Et laissa dans l'oubli vos frères malheureux.
Athènes dans ses murs maintenant vous rappelle.
Assez elle a gémi d'une longue querelle,
Assez dans ses sillons votre sang englouti
A fait fumer le champ dont il était sorti.
505 Trézène m'obéit. Les campagnes de Crète
Offrent au fils de Phèdre une riche retraite.
L'Attique est votre bien. Je pars, et vais pour vous
Réunir tous les vœux partagés entre nous.

ARICIE

De tout ce que j'entends étonnée et confuse
510 Je crains presque, je crains qu'un songe ne m'abuse.
Veillé-je ? Puis-je croire un semblable dessein ?
Quel dieu, Seigneur, quel dieu l'a mis dans votre sein ?
Qu'à bon droit votre gloire en tous lieux est semée[3] !
Et que la vérité passe la renommée !
515 Vous-même en ma faveur vous voulez vous trahir !
N'était-ce pas assez de ne me point haïr ?
Et d'avoir si longtemps pu défendre votre âme
De cette inimitié…

---

1. **Ce fameux mortel** : il s'agit d'Érechthée, voir note 6, p. 57.
2. Roi d'Athènes, Pandion adopta Égée, dont descend Hippolyte.
3. **Semée** : répandue, connue.

HIPPOLYTE

Moi, vous haïr, Madame ?
Avec quelques couleurs qu'on ait peint ma fierté[1],
520 Croit-on que dans ses flancs un monstre m'ait porté ?
Quelles sauvages mœurs, quelle haine endurcie
Pourrait, en vous voyant, n'être point adoucie ?
Ai-je pu résister au charme décevant[2]…

ARICIE

Quoi, Seigneur ?

HIPPOLYTE

Je me suis engagé trop avant.
525 Je vois que la raison cède à la violence.
Puisque j'ai commencé de rompre le silence,
Madame, il faut poursuivre. Il faut vous informer
D'un secret, que mon cœur ne peut plus renfermer.
Vous voyez devant vous un prince déplorable[3],
530 D'un téméraire orgueil exemple mémorable.
Moi, qui contre l'amour fièrement révolté,
Aux fers de ses captifs ai longtemps insulté[4],
Qui des faibles mortels déplorant les naufrages,
Pensais toujours du bord contempler les orages,

---

1. **Fierté** : réputation d'homme farouche.

2. **Décevant** : trompeur. L'adjectif n'a pas le même que de nos jours.

3. **Déplorable** : digne d'être plaint.

4. **Moi, qui contre l'amour fièrement révolté,/Aux fers de ses captifs ai longtemps insulté** : moi qui ai longtemps méprisé ceux que l'amour retenait prisonniers. Dans le langage précieux et galant, la prison était une métaphore courante pour désigner l'état de dépendance affective dans lequel se trouvait celui ou celle qui aime.

63

535 Asservi maintenant sous la commune loi,
     Par quel trouble me vois-je emporté loin de moi !
     Un moment a vaincu mon audace imprudente.
     Cette âme si superbe est enfin dépendante.
     Depuis près de six mois honteux, désespéré,
540 Portant partout le trait[1], dont je suis déchiré,
     Contre vous, contre moi vainement je m'éprouve.
     Présente je vous fuis, absente je vous trouve[2].
     Dans le fond des forêts votre image me suit.
     La lumière du jour, les ombres de la nuit,
545 Tout retrace à mes yeux les charmes que j'évite.
     Tout vous livre à l'envi[3] le rebelle Hippolyte.
     Moi-même pour tout fruit de mes soins superflus,
     Maintenant je me cherche, et ne me trouve plus.
     Mon arc, mes javelots, mon char, tout m'importune.
550 Je ne me souviens plus des leçons de Neptune[4].
     Mes seuls gémissements font retentir les bois,
     Et mes coursiers[5] oisifs ont oublié ma voix.
         Peut-être le récit d'un amour si sauvage
     Vous fait en m'écoutant rougir de votre ouvrage.
555 D'un cœur qui s'offre à vous quel farouche entretien !
     Quel étrange captif pour un si beau lien !
     Mais l'offrande à vos yeux en doit être plus chère.

---

1. Trait : flèche avec laquelle Cupidon, dieu de l'Amour, blesse tous ceux qu'il
veut rendre amoureux.
2. Présente je vous fuis, absente je vous trouve : je vous fuis quand vous êtes
présente ; je vous trouve (en pensée) quand vous êtes absente.
3. A l'envi : à qui mieux mieux.
4. Neptune est le dieu des mers et des océans.
5. Coursiers : chevaux de course.

Songez que je vous parle une langue étrangère,
Et ne rejetez pas des vœux[1] mal exprimés,
560   Qu'Hippolyte sans vous n'aurait jamais formés.

Scène 3

HIPPOLYTE, ARICIE, THÉRAMÈNE, ISMÈNE

THÉRAMÈNE

Seigneur, la reine vient, et je l'ai devancée.
Elle vous cherche.

HIPPOLYTE

Moi !

THÉRAMÈNE

J'ignore sa pensée,
Mais on vous est venu demander de sa part.
Phèdre veut vous parler avant votre départ.

HIPPOLYTE

565   Phèdre ? Que lui dirai-je ? Et que peut-elle attendre…

ARICIE

Seigneur, vous ne pouvez refuser de l'entendre.
Quoique trop convaincu de son inimitié,
Vous devez à ses pleurs quelque ombre de pitié.

---

1. Vœux : désirs amoureux.

HIPPOLYTE

Cependant vous sortez. Et je pars. Et j'ignore
570 Si je n'offense point les charmes que j'adore.
J'ignore si ce cœur que je laisse en vos mains…

ARICIE

Partez, Prince, et suivez vos généreux desseins[1].
Rendez de mon pouvoir Athènes tributaire.
J'accepte tous les dons que vous me voulez faire.
575 Mais cet empire enfin si grand, si glorieux,
N'est pas de vos présents le plus cher à mes yeux.

Scène 4

HIPPOLYTE, THÉRAMÈNE

HIPPOLYTE

Ami, tout est-il prêt ? Mais la reine s'avance.
Va, que pour le départ tout s'arme en diligence[2].
Fais donner le signal, cours, ordonne, et reviens
580 Me délivrer bientôt d'un fâcheux entretien.

---

1. Desseins : projets.
2. Tout s'arme en diligence : tout se prépare rapidement.

Scène 5

PHÈDRE, HIPPOLYTE, ŒNONE

PHÈDRE, *à Œnone.*

Le voici. Vers mon cœur tout mon sang se retire.
J'oublie, en le voyant, ce que je viens lui dire.

ŒNONE

Souvenez-vous d'un fils qui n'espère qu'en vous.

PHÈDRE

On dit qu'un prompt départ vous éloigne de nous,
585 Seigneur. À vos douleurs je viens joindre mes larmes.
Je vous viens pour un fils expliquer mes alarmes[1].
Mon fils n'a plus de père, et le jour n'est pas loin
Qui de ma mort encor doit le rendre témoin.
Déjà mille ennemis attaquent son enfance[2],
590 Vous seul pouvez contre eux embrasser sa défense.
Mais un secret remords agite mes esprits.
Je crains d'avoir fermé votre oreille à ses cris.
Je tremble que sur lui votre juste colère
Ne poursuive bientôt une odieuse mère.

HIPPOLYTE

595 Madame, je n'ai point des sentiments si bas.

---

1. **Alarmes** : craintes, inquiétudes.
2. **Enfance** : jeune âge.

PHÈDRE

Quand vous me haïriez je ne m'en plaindrais pas,
Seigneur. Vous m'avez vue attachée à vous nuire[1] ;
Dans le fond de mon cœur vous ne pouviez pas lire.
À votre inimitié j'ai pris soin de m'offrir.
600 Aux bords[2] que j'habitais je n'ai pu vous souffrir.
En public, en secret contre vous déclarée,
J'ai voulu par des mers en être séparée.
J'ai même défendu par une expresse loi
Qu'on osât prononcer votre nom devant moi.
605 Si pourtant à l'offense on mesure la peine,
Si la haine peut seule attirer votre haine,
Jamais femme ne fut plus digne de pitié,
Et moins digne, Seigneur, de votre inimitié.

HIPPOLYTE

Des droits de ses enfants une mère jalouse
610 Pardonne rarement au fils d'une autre épouse.
Madame, je le sais. Les soupçons importuns
Sont d'un second hymen[3] les fruits les plus communs.
Toute autre aurait pour moi pris les mêmes ombrages[4],
Et j'en aurais peut-être essuyé plus d'outrages.

---

1. **Vous m'avez vue attachée à vous nuire** : vous m'avez vue appliquée à vous perdre. Phèdre fait ici allusion à l'exil d'Hippolyte qu'elle obtint de Thésée.
2. **Aux bords** : dans le pays.
3. **Hymen** : mariage.
4. **Toute autre aurait pour moi pris les mêmes ombrages** : toute autre belle-mère aurait eu envers moi les mêmes préjugés, les mêmes préventions.

PHÈDRE

615 Ah, Seigneur ! Que le ciel, j'ose ici l'attester[1],

De cette loi commune a voulu m'excepter !

Qu'un soin bien différent me trouble, et me dévore !

HIPPOLYTE

Madame, il n'est pas temps de vous troubler encore.

Peut-être votre époux voit encore le jour.

620 Le ciel peut à nos pleurs accorder son retour.

Neptune le protège, et ce dieu tutélaire[2]

Ne sera pas en vain imploré par mon père.

PHÈDRE

On ne voit point deux fois le rivage des morts,

Seigneur. Puisque Thésée a vu les sombres bords,

625 En vain vous espérez qu'un dieu vous le renvoie,

Et l'avare Achéron[3] ne lâche point sa proie.

Que dis-je ? Il n'est point mort, puisqu'il respire en vous.

Toujours devant mes yeux je crois voir mon époux.

Je le vois, je lui parle, et mon cœur… Je m'égare,

630 Seigneur, ma folle ardeur malgré moi se déclare.

HIPPOLYTE

Je vois de votre amour l'effet prodigieux.

Tout mort qu'il est, Thésée est présent à vos yeux.

Toujours de son amour votre âme est embrasée.

---

1. L'attester : le prendre à témoin. Phèdre prend le ciel, donc les dieux, à témoin qu'elle n'a pas réellement voulu se comporter en marâtre, en belle-mère détestant son beau-fils.

2. Tutélaire : protecteur.

3. L'Achéron est le fleuve que les morts devaient traverser pour atteindre les enfers.

PHÈDRE

Oui, Prince, je languis, je brûle pour Thésée.
635 Je l'aime, non point tel que l'ont vu les enfers,
Volage adorateur de mille objets[1] divers,
Qui va du dieu des morts déshonorer la couche[2] ;
Mais fidèle, mais fier, et même un peu farouche,
Charmant, jeune, traînant tous les cœurs après soi,
640 Tel qu'on dépeint nos dieux, ou tel que je vous vois.
Il avait votre port[3], vos yeux, votre langage.
Cette noble pudeur colorait son visage,
Lorsque de notre Crète il traversa les flots,
Digne sujet des vœux des filles de Minos.
645 Que faisiez-vous alors ? Pourquoi sans Hippolyte
Des héros de la Grèce assembla-t-il l'élite ?
Pourquoi trop jeune encor ne pûtes-vous alors
Entrer dans le vaisseau qui le mit sur nos bords ?
Par vous aurait péri le monstre de la Crète[4]
650 Malgré tous les détours de sa vaste retraite.
Pour en développer l'embarras incertain
Ma sœur du fil fatal eût armé votre main.
Mais non, dans ce dessein[5] je l'aurais devancée.
L'amour m'en eût d'abord inspiré la pensée.
655 C'est moi, Prince, c'est moi, dont l'utile secours

---

1. Objets : dans la langue galante de l'époque, « objet » désigne la femme aimée, sans aucune nuance péjorative.

2. Selon certaines légendes, Thésée aurait accompagné son ami Pirithoüs aux enfers pour l'aider à enlever Perséphone (Proserpine, pour les Romains) la femme de Pluton, le dieu des enfers (voir la préface de Racine, p. 26).

3. Port : maintien, prestance.

4. Le monstre de la Crète est le Minotaure (voir note 5, p. 34).

5. Dessein : projet.

Vous eût du Labyrinthe enseigné les détours.
Que de soins m'eût coûtés cette tête charmante !
Un fil n'eût point assez rassuré votre amante.
Compagne du péril qu'il vous fallait chercher,
660 Moi-même devant vous j'aurais voulu marcher,
Et Phèdre au labyrinthe avec vous descendue,
Se serait avec vous retrouvée, ou perdue.

HIPPOLYTE

Dieux ! Qu'est-ce-que j'entends ? Madame, oubliez-vous
Que Thésée est mon père, et qu'il est votre époux ?

PHÈDRE

665 Et sur quoi jugez-vous que j'en perds la mémoire,
Prince ? Aurais-je perdu tout le soin de ma gloire ?

HIPPOLYTE

Madame, pardonnez. J'avoue en rougissant,
Que j'accusais à tort un discours innocent.
Ma honte ne peut plus soutenir votre vue.
670 Et je vais…

PHÈDRE

          Ah ! cruel, tu m'as trop entendue.
Je t'en ai dit assez pour te tirer d'erreur.
Hé bien, connais donc Phèdre et toute sa fureur.
J'aime. Ne pense pas qu'au moment que je t'aime, _coupable_
Innocente à mes yeux je m'approuve moi-même,
675 Ni que du fol amour qui trouble ma raison
Ma lâche complaisance ait nourri le poison.
Objet infortuné des vengeances célestes,

victime Je m'abhorre[1] encor plus que tu ne me détestes.

Les dieux m'en sont témoins, ces dieux qui dans mon flanc

680 Ont allumé le feu fatal à tout mon sang[2],

coupable / *victime ?* Ces dieux qui se sont fait une gloire cruelle

De séduire le cœur d'une faible mortelle.

Toi-même en ton esprit rappelle le passé.

C'est peu de t'avoir fui, cruel, je t'ai chassé.

685 J'ai voulu te paraître odieuse, inhumaine.

Pour mieux te résister, j'ai recherché ta haine.

De quoi m'ont profité mes inutiles soins ?

Tu me haïssais plus, je ne t'aimais pas moins.

Tes malheurs te prêtaient encor de nouveaux charmes.

690 J'ai langui, j'ai séché, dans les feux, dans les larmes.

Il suffit de tes yeux pour t'en persuader,

Si tes yeux un moment pouvaient me regarder.

Que dis-je ? Cet aveu que je te viens de faire,

Cet aveu si honteux, le crois-tu volontaire ?

695 Tremblante pour un fils que je n'osais trahir,

Je te venais prier de ne le point haïr.

Faibles projets d'un cœur trop plein de ce qu'il aime !

Hélas ! je ne t'ai pu parler que de toi-même.

Venge-toi, punis-moi d'un odieux amour.

700 Digne fils du héros qui t'a donné le jour,

Délivre l'univers d'un monstre qui t'irrite.

La veuve de Thésée ose aimer Hippolyte ?

Crois-moi, ce monstre affreux ne doit point t'échapper.

---

1. Je m'abhorre : je me hais.

2. Sang : famille ; la mère de Phèdre, Pasiphaé, a déjà été la victime de la colère de Vénus qui lui inspira, qui lui insuffla une passion contre nature pour un taureau. De ces amours naquit le Minotaure (voir note 5, p. 34).

Voilà mon cœur. C'est là que ta main doit frapper.
705 Impatient déjà d'expier son offense
Au-devant de ton bras je le sens qui s'avance.
Frappe. Ou si tu le crois indigne de tes coups,

capable

Si ta haine m'envie un supplice si doux,
Ou si d'un sang trop vil ta main serait trempée,
710 Au défaut de ton bras prête-moi ton épée.
Donne[1].

ŒNONE

Que faites-vous, Madame ? Justes dieux !
Mais on vient. Évitez des témoins odieux,
Venez, rentrez, fuyez une honte certaine.

Scène 6

HIPPOLYTE, THÉRAMÈNE

THÉRAMÈNE

Est-ce Phèdre qui fuit, ou plutôt qu'on entraîne ?
715 Pourquoi, Seigneur, pourquoi ces marques de douleur ?
Je vous vois sans épée, interdit, sans couleur ?

---

1. Cette épée que Phèdre prend à Hippolyte joue par la suite un rôle capital.

Des clés
pour vous guider

L'aveu de Phèdre
acte II, scène 5, v. 634-712, p. 70-73

L'annonce de la mort de Thésée (I, 4) soulève la question de sa succession. Trois personnes peuvent prétendre au trône d'Athènes : Hippolyte, Aricie et le fils de Phèdre. À la vue son beau-fils, Phèdre se trouble et lui fait, presque malgré elle, l'aveu de sa passion.

1 **Comment Phèdre en vient-elle à avouer son amour ?**

pour vous aider
- Identifiez de qui parle Phèdre dans les vers 634 à 662.
- Dites pourquoi elle compare le père (Thésée) avec le fils (Hippolyte).
- Montrez comment Phèdre se substitue à sa sœur Ariane.

2 **Observez les changements de pronoms personnels et montrez comment Phèdre passe d'un aveu indirect à un aveu direct.**

3 **Comment Phèdre se juge-t-elle (v. 671-710) ?**

4 GRAMMAIRE • **Analyser les formes verbales (mode et temps) dans les vers 655 à 662 et justifiez leur emploi.**

pour vous aider
Les modes personnels sont : l'indicatif, le subjonctif et l'impératif. Les grammairiens classent désormais le conditionnel non plus comme un mode mais parmi les temps de l'indicatif.

POUR ALLER *plus loin*

APPROFONDISSEMENT DOCUMENTAIRE • Renseignez-vous sur la légende de Thésée, d'Aricie et du Minotaure.

pour vous aider
Établissez la fiche d'identité des personnages en vous appuyant sur des dictionnaires de mythologie.

HIPPOLYTE

Théramène, fuyons. Ma surprise est extrême.
Je ne puis sans horreur me regarder moi-même.
Phèdre… Mais non, grands dieux ! Qu'en un profond oubli
720 Cet horrible[1] secret demeure enseveli.

THÉRAMÈNE

Si vous voulez partir, la voile[2] est préparée.
Mais Athènes, Seigneur, s'est déjà déclarée.
Ses chefs ont pris les voix de toutes ses tribus.
Votre frère[3] l'emporte, et Phèdre a le dessus.

HIPPOLYTE

725 Phèdre ?

THÉRAMÈNE

      Un héraut[4] chargé des volontés d'Athènes
De l'État en ses mains vient remettre les rênes.
Son fils est roi, Seigneur.

HIPPOLYTE

             Dieux, qui la connaissez,
Est-ce donc sa vertu que vous récompensez ?

---

1. **Horrible** : au sens latin de « qui fait horreur ».
2. **La voile** : le bateau (par métonymie, figure de rhétorique consistant à désigner un tout par l'une de ses parties).
3. Il s'agit d'Acamas, qui n'est en réalité que le demi-frère d'Hippolyte.
4. **Héraut** : messager officiel.

THÉRAMÈNE

Cependant un bruit sourd[1] veut que le roi respire.

730 On prétend que Thésée a paru dans l'Épire[2].

Mais moi, qui l'y cherchai, Seigneur, je sais trop bien…

HIPPOLYTE

N'importe, écoutons tout, et ne négligeons rien.

Examinons ce bruit, remontons à sa source.

S'il ne mérite pas d'interrompre ma course,

735 Partons, et quelque prix qu'il en puisse coûter,

Mettons le sceptre aux mains dignes de le porter.

Fin du second acte.

---

1. Bruit sourd : rumeur vague, diffuse.

2. L'Épire est une région du nord-ouest de la Grèce où les légendes situaient une des entrées des enfers.

Acte III

Scène Première

PHÈDRE, ŒNONE

PHÈDRE

Ah! que l'on porte ailleurs les honneurs qu'on m'envoie.

Importune, peux-tu souhaiter qu'on me voie?

De quoi viens-tu flatter mon esprit désolé[1]?

740 Cache-moi bien plutôt, je n'ai que trop parlé.

Mes fureurs[2] au dehors ont osé se répandre.

J'ai dit ce que jamais on ne devait entendre[3].

Ciel! comme il m'écoutait! par combien de détours

L'insensible[4] a longtemps éludé mes discours[5]!

745 Comme il ne respirait qu'une retraite prompte[6]!

Et combien sa rougeur a redoublé ma honte!

---

1. **De quoi viens-tu flatter mon esprit désolé**: que viens-tu faire espérer à mon esprit affligé.

2. **Mes fureurs**: mes égarements, ma folie.

3. **On ne devait entendre**: on ne devrait entendre (en latin l'imparfait de l'indicatif des verbes «pouvoir» et «devoir» pouvait avoir une valeur de conditionnel).

4. **L'insensible**: Hippolyte, indifférent, «insensible» à la passion.

5. **Éludé mes discours**: évité de m'entendre.

6. **Comme il ne respirait qu'une retraite prompte**: comme il ne souhaitait que partir, que me quitter rapidement.

Pourquoi détournais-tu mon funeste dessein[1]?
Hélas! quand son épée allait chercher mon sein,
A-t-il pâli pour moi? Me l'a-t-il arrachée?
750 Il suffit que ma main l'ait une fois touchée,
Je l'ai rendue horrible[2] à ses yeux inhumains,
Et ce fer malheureux profanerait ses mains[3].

ŒNONE

Ainsi dans vos malheurs ne songeant qu'à vous plaindre,
Vous nourrissez un feu[4] qu'il vous faudrait éteindre.
755 Ne vaudrait-il pas mieux, digne sang de Minos,
Dans de plus nobles soins[5] chercher votre repos,
Contre un ingrat qui plaît recourir à la fuite,
Régner, et de l'État embrasser la conduite?

PHÈDRE

Moi régner! Moi, ranger un État sous ma loi!
760 Quand ma faible raison ne règne plus sur moi,
Lorsque j'ai de mes sens abandonné l'empire[6],
Quand sous un joug honteux[7] à peine je respire,
Quand je me meurs.

---

1. Funeste dessein: intention d'en finir, désir de mourir.

2. Je l'ai rendue horrible: j'ai fait de son épée un objet d'horreur.

3. Et ce fer malheureux profanerait ses mains: cette pauvre épée salirait ses mains (parce que Phèdre l'a touchée).

4. Feu: métaphore désignant l'amour dans la langue galante.

5. Soins: soucis, préoccupations.

6. Empire: contrôle, maîtrise.

7. Joug honteux: la passion honteuse que Phèdre éprouve pour son beau-fils et dont elle ne peut se guérir.

ŒNONE

Fuyez.

PHÈDRE

Je ne le puis quitter.

ŒNONE

Vous l'osâtes bannir, vous n'osez l'éviter.

PHÈDRE

765 Il n'est plus temps. Il sait mes ardeurs insensées.
De l'austère pudeur les bornes sont passées[1].
J'ai déclaré ma honte aux yeux de mon vainqueur,
Et l'espoir malgré moi s'est glissé dans mon cœur.
Toi-même rappelant ma force défaillante,
770 Et mon âme déjà sur mes lèvres errante,
Par tes conseils flatteurs tu m'as su ranimer.
Tu m'as fait entrevoir que je pouvais l'aimer.

ŒNONE

Hélas! de vos malheurs innocente ou coupable,
De quoi pour vous sauver n'étais-je point capable?
775 Mais si jamais l'offense irrita vos esprits,
Pouvez-vous d'un superbe[2] oublier les mépris?
Avec quels yeux cruels sa rigueur obstinée
Vous laissait à ses pieds peu s'en faut prosternée!
Que son farouche orgueil le rendait odieux!
780 Que Phèdre en ce moment n'avait-elle mes yeux!

---

1. **Passées**: dépassées.
2. **Superbe**: orgueilleux.

PHÈDRE

Œnone, il peut quitter cet orgueil qui te blesse.

Nourri dans les forêts, il en a la rudesse.

Hippolyte endurci par de sauvages lois

Entend parler d'amour pour la première fois.

785 Peut-être sa surprise a causé son silence,

Et nos plaintes peut-être ont trop de violence.

ŒNONE

Songez qu'une barbare[1] en son sein l'a formé.

PHÈDRE

Quoique Scythe[2] et barbare, elle a pourtant aimé.

ŒNONE

Il a pour tout le sexe[3] une haine fatale.

PHÈDRE

790 Je ne me verrai point préférer de rivale.

Enfin, tous ces conseils ne sont plus de saison.

Sers ma fureur[4], Œnone, et non point ma raison.

Il oppose à l'amour un cœur inaccessible.

Cherchons pour l'attaquer quelque endroit plus sensible.

795 Les charmes d'un empire[5] ont paru le toucher.

Athènes l'attirait, il n'a pu s'en cacher.

---

1. Une barbare : Antiope, reine des Amazones, considérée comme une sauvage. Elle est la mère d'Hippolyte.

2. Scythe : pour les Grecs, le Scythe était le type même du rustre et du non civilisé. Scythes et Amazones étaient censés avoir été proches.

3. Tout le sexe : toutes les femmes.

4. Sers ma fureur : seconde ma folle passion.

5. Les charmes d'un empire : les charmes, l'attrait du pouvoir.

Déjà de ses vaisseaux la pointe[1] était tournée,
Et la voile flottait aux vents abandonnée.
Va trouver de ma part ce jeune ambitieux,
800   Œnone. Fais briller la couronne à ses yeux.
Qu'il mette sur son front le sacré diadème[2].
Je ne veux que l'honneur de l'attacher moi-même.
Cédons-lui ce pouvoir que je ne puis garder.
Il instruira mon fils dans l'art de commander.
805   Peut-être il voudra bien lui tenir lieu de père.
Je mets sous son pouvoir et le fils et la mère.
Pour le fléchir enfin tente tous les moyens.
Tes discours trouveront plus d'accès que les miens.
Presse, pleure, gémis, peins-lui Phèdre mourante.
810   Ne rougis point de prendre une voix suppliante.
Je t'avouerai de tout[3], je n'espère qu'en toi.
Va, j'attends ton retour pour disposer de moi.

Scène 2

PHÈDRE, *seule*.

Ô toi ! qui vois la honte où je suis descendue,
Implacable Vénus, suis-je assez confondue[4] ?
815   Tu ne saurais plus loin pousser ta cruauté.

---

1. Pointe : avant effilé du bateau.
2. Diadème : luxueux bandeau qui était dans l'Antiquité l'emblème, le symbole du pouvoir royal.
3. Je t'avouerai de tout : j'approuverai tout ce que feras ou diras.
4. Confondue : honteuse.

Ton triomphe est parfait, tous tes traits[1] ont porté.
Cruelle, si tu veux une gloire nouvelle,
Attaque un ennemi qui te soit plus rebelle.
Hippolyte te fuit, et bravant ton courroux,
820 Jamais à tes autels n'a fléchi les genoux.
Ton nom semble offenser ses superbes oreilles.
Déesse, venge-toi, nos causes sont pareilles.
Qu'il aime. Mais déjà tu reviens sur tes pas,
Œnone? On me déteste, on ne t'écoute pas.

Scène 3

PHÈDRE, ŒNONE

ŒNONE

825 Il faut d'un vain amour[2] étouffer la pensée,
Madame. Rappelez votre vertu passée.
Le roi, qu'on a cru mort, va paraître à vos yeux,
Thésée est arrivé. Thésée est en ces lieux.
Le peuple, pour le voir, court et se précipite.
830 Je sortais par votre ordre, et cherchais Hippolyte,
Lorsque jusques au ciel mille cris élancés…

---

1. Traits: flèches que Vénus fait envoyer par son fils Éros (Cupidon) pour rendre les humains amoureux.

2. Vain amour: amour illusoire.

PHÈDRE

Mon époux est vivant, Œnone, c'est assez.
J'ai fait l'indigne aveu d'un amour qui l'outrage.
Il vit. Je ne veux pas en savoir davantage.

ŒNONE

835   Quoi ?

PHÈDRE

        Je te l'ai prédit, mais tu n'as pas voulu.
Sur mes justes remords tes pleurs ont prévalu.
Je mourais ce matin digne d'être pleurée.
J'ai suivi tes conseils, je meurs déshonorée.

ŒNONE

Vous mourez ?

PHÈDRE

        Juste ciel ! Qu'ai-je fait aujourd'hui ?
840   Mon époux va paraître, et son fils avec lui.
Je verrai le témoin de ma flamme adultère
Observer de quel front[1] j'ose aborder son père,
Le cœur gros de soupirs, qu'il n'a point écoutés,
L'œil humide de pleurs, par l'ingrat rebutés.
845   Penses-tu que sensible à l'honneur de Thésée,
Il lui cache l'ardeur dont je suis embrasée ?
Laissera-t-il trahir et son père et son roi ?
Pourra-t-il contenir l'horreur qu'il a pour moi ?

---

1. **De quel front** : avec quelle audace.

Il se tairait en vain. Je sais mes perfidies[1],
850 Œnone, et ne suis point de ces femmes hardies,
Qui goûtant dans le crime une tranquille paix
Ont su se faire un front qui ne rougit jamais.
Je connais mes fureurs, je les rappelle toutes[2].
Il me semble déjà que ces murs, que ces voûtes,
855 Vont prendre la parole, et prêts à m'accuser
Attendent mon époux, pour le désabuser[3].
Mourons. De tant d'horreurs qu'un trépas me délivre.
Est-ce un malheur si grand que de cesser de vivre ?
La mort aux malheureux ne cause point d'effroi.
860 Je ne crains que le nom[4] que je laisse après moi.
Pour mes tristes enfants quel affreux héritage !
Le sang de Jupiter[5] doit enfler leur courage[6].
Mais quelque juste orgueil qu'inspire un sang si beau,
Le crime d'une mère est un pesant fardeau.
865 Je tremble qu'un discours, hélas ! trop véritable,
Un jour ne leur reproche une mère coupable.
Je tremble qu'opprimés de ce poids odieux[7],
L'un ni l'autre jamais n'ose lever les yeux.

---

1. Perfidies : déloyautés, trahisons vis-à-vis de Thésée.

2. Je les rappelle toutes : je me les rappelle toutes.

3. Désabuser : détromper.

4. Nom : réputation.

5. Le sang de Jupiter : Thésée descend de Tantale, fils de Jupiter ; ses enfants en descendent donc aussi.

6. Enfler leur courage : les enorgueillir, les rendre fiers.

7. Opprimés de ce poids odieux : écrasés par ce poids haïssable, ce poids étant la culpabilité de leur mère.

ŒNONE

Il n'en faut point douter, je les plains l'un et l'autre.
870 Jamais crainte ne fut plus juste[1] que la vôtre.
Mais à de tels affronts, pourquoi les exposer ?
Pourquoi contre vous-même allez-vous déposer[2] ?
C'en est fait. On dira que Phèdre trop coupable,
De son époux trahi fuit l'aspect redoutable.
875 Hippolyte est heureux qu'aux dépens de vos jours,
Vous-même en expirant appuyez ses discours.
À votre accusateur, que pourrai-je répondre ?
Je serai devant lui trop facile à confondre.
De son triomphe affreux je le verrai jouir,
880 Et conter votre honte à qui voudra l'ouïr[3].
Ah ! que plutôt du ciel la flamme me dévore !
Mais ne me trompez point, vous est-il cher encore ?
De quel œil voyez-vous ce prince audacieux ?

PHÈDRE

Je le vois comme un monstre effroyable à mes yeux.

ŒNONE

885 Pourquoi donc lui céder une victoire entière ?
Vous le craignez… Osez l'accuser la première
Du crime dont il peut vous charger aujourd'hui.
Qui vous démentira ? Tout parle contre lui.
Son épée en vos mains heureusement laissée,

---

1. Juste : fondée.
2. Déposer : témoigner.
3. Ouïr : entendre.

890 Votre trouble présent[1], votre douleur passée,
Son père par vos cris dès longtemps prévenu[2],
Et déjà son exil par vous-même obtenu.

PHÈDRE

Moi, que j'ose opprimer et noircir l'innocence !

ŒNONE

Mon zèle n'a besoin que de votre silence.
895 Tremblante comme vous, j'en sens quelques remords.
Vous me verriez plus prompte affronter mille morts.
Mais puisque je vous perds sans ce triste[3] remède,
Votre vie est pour moi d'un prix à qui tout cède.
Je parlerai. Thésée aigri par mes avis[4],
900 Bornera sa vengeance à l'exil de son fils.
Un père en punissant, Madame, est toujours père.
Un supplice léger suffit à sa colère.
Mais le sang innocent dût-il être versé[5],
Que ne demande point votre honneur menacé ?
905 C'est un trésor trop cher pour oser le commettre[6].
Quelque loi qu'il vous dicte, il faut vous y soumettre,

---

1. Votre trouble présent : votre trouble actuel.

2. Son père par vos cris dès longtemps prévenu : son père depuis longtemps méfiant à l'égard de son fils, à cause de vos plaintes.

3. Triste : mortel, funeste.

4. Avis : propos, paroles.

5. Mais le sang innocent dût-il être versé : même si le sang innocent devait être versé.

6. Commettre : mettre en péril.

Madame, et pour sauver notre honneur combattu[1],
Il faut immoler tout, et même la vertu.
On vient, je vois Thésée.

PHÈDRE

Ah! je vois Hippolyte.

910 Dans ses yeux insolents je vois ma perte écrite.
Fais ce que tu voudras, je m'abandonne à toi.
Dans le trouble où je suis, je ne puis rien pour moi.

Scène 4

THÉSÉE, HIPPOLYTE, PHÈDRE,
ŒNONE, THÉRAMÈNE

THÉSÉE

La fortune[2] à mes vœux cesse d'être opposée,
Madame, et dans vos bras met…

PHÈDRE

Arrêtez, Thésée,

915 Et ne profanez point des transports si charmants[3].
Je ne mérite plus ces doux empressements.
Vous êtes offensé. La fortune jalouse

---

1. Combattu : attaqué.

2. Fortune : sort.

3. Des transports si charmants : des élans amoureux si touchants.

Des clés
pour vous guider

Coup de théâtre: cru mort, Thésée est en réalité bien vivant. Hippolyte va-t-il dénoncer Phèdre? Pour sauver sa maîtresse, Œnone presse celle-ci d'accuser Hippolyte d'avoir voulu la violer. Trop bouleversée pour réagir, Phèdre laisse Œnone agir à sa guise.

1 Comment Œnone convainc-t-elle Phèdre de ne pas se suicider? Quels sont ses arguments (v. 869-883)?

2 Comment Œnone tente-t-elle de justifier son odieux stratagème?

3 Quelle force dramatique possède le vers 909?

> **pour vous aider**
>
> Les deux hémistiches du vers sont parallèles. Le personnage nommé n'est toutefois pas le même. Que révèle cette différence?

4 GRAMMAIRE • **Relevez les comparatifs et les superlatifs dans les vers 869 à 883.**

> **pour vous aider**
>
> Un adjectif qualificatif peut connaître différents degrés d'intensité.

POUR ALLER *plus loin*

PROLONGEMENT CULTUREL • Repérez et analysez un coup de théâtre dans une tragédie de Corneille (*Le Cid*, *Horace* ou *Cinna* par exemple) ou de Racine (*Andromaque* ou *Britannicus*).

> **pour vous aider**
>
> Le *coup de théâtre* est un événement imprévu qui produit un brusque changement de situation. On parle aussi parfois de *péripétie centrale* ou *principale*.

N'a pas en votre absence épargné votre épouse,
Indigne de vous plaire, et de vous approcher,
920   Je ne dois désormais songer qu'à me cacher.

Scène 5

THÉSÉE, HIPPOLYTE, THÉRAMÈNE

THÉSÉE

Quel est l'étrange accueil qu'on fait à votre père,
Mon fils ?

HIPPOLYTE

      Phèdre peut seule expliquer ce mystère.
Mais si mes vœux ardents vous peuvent émouvoir,
Permettez-moi, Seigneur, de ne la plus revoir.
925   Souffrez que pour jamais le tremblant Hippolyte
Disparaisse des lieux que votre épouse habite.

THÉSÉE

Vous, mon fils, me quitter ?

HIPPOLYTE

           Je ne la cherchais pas,
C'est vous qui sur ces bords [1] conduisîtes ses pas.
Vous daignâtes, Seigneur, aux rives de Trézène
930   Confier en partant Aricie, et la reine.
Je fus même chargé du soin de les garder.

---

1. **Sur ces bords** : en ces lieux.

Mais quels soins désormais peuvent me retarder ?
Assez dans les forêts mon oisive jeunesse,
Sur de vils ennemis a montré son adresse.
935 Ne pourrai-je en fuyant un indigne repos,
D'un sang plus glorieux teindre mes javelots ?
Vous n'aviez pas encore atteint l'âge où je touche,
Déjà plus d'un tyran, plus d'un monstre farouche
Avait de votre bras senti la pesanteur.
940 Déjà de l'insolence heureux persécuteur[1],
Vous aviez des deux mers assuré les rivages[2],
Le libre voyageur ne craignait plus d'outrages[3].
Hercule respirant sur le bruit de vos coups[4],
Déjà de son travail se reposait sur vous.
945 Et moi, fils inconnu d'un si glorieux père,
Je suis même encor loin des traces de ma mère.
Souffrez que mon courage ose enfin s'occuper.
Souffrez, si quelque monstre a pu vous échapper,
Que j'apporte à vos pieds sa dépouille honorable[5] ;
950 Ou que d'un beau trépas la mémoire[6] durable,
Éternisant des jours si noblement finis,
Prouve à tout l'avenir que j'étais votre fils.

---

1. Heureux persécuteur : qui poursuit avec succès les criminels.

2. Assuré les rivages : rendu sûrs les rivages ; sur les « deux mers », voir note 4,
p. 29.

3. Le libre voyageur ne craignait plus d'outrages : n'étant plus menacé, le
voyageur ne redoutait plus aucune violence.

4. Respirant sur le bruit de vos coups : reprenant haleine en se reposant sur
vos fameux exploits.

5. Sa dépouille honorable : sa dépouille qui couvrira d'honneurs celui qui aura
tué ce monstre.

6. Mémoire : souvenir.

THÉSÉE

Que vois-je ? Quelle horreur dans ces lieux répandue
Fait fuir devant mes yeux ma famille éperdue ?
955 Si je reviens si craint, et si peu désiré,
Ô ciel ! de ma prison pourquoi m'as-tu tiré ?
Je n'avais qu'un ami[1]. Son imprudente flamme
Du tyran[2] de l'Épire[3] allait ravir la femme.
Je servais à regret ses desseins[4] amoureux.
960 Mais le sort irrité nous aveuglait tous deux.
Le tyran m'a surpris sans défense et sans armes.
J'ai vu Pirithoüs, triste objet de mes larmes,
Livré par ce barbare à des monstres cruels,
Qu'il nourrissait du sang des malheureux mortels.
965 Moi-même il m'enferma dans des cavernes sombres,
Lieux profonds, et voisins de l'empire des ombres.
Les dieux, après six mois enfin m'ont regardé.
J'ai su tromper les yeux de qui j'étais gardé.
D'un perfide ennemi j'ai purgé[5] la nature.
970 À ses monstres lui-même a servi de pâture[6].
Et lorsque avec transport[7] je pense m'approcher
De tout ce que les Dieux m'ont laissé de plus cher ;
Que dis-je ? Quand mon âme à soi-même rendue
Vient se rassasier d'une si chère vue ;

---

1. Cet ami est Pirithoüs.
2. **Tyran** : se dit d'un roi cruel, que son pouvoir soit ou non légal.
3. **Épire** : région du nord-ouest de la Grèce.
4. **Desseins** : projets.
5. **J'ai purgé** : j'ai délivré, purifié.
6. **Pâture** : nourriture.
7. **Transport** : empressement.

975 Je n'ai pour tout accueil que des frémissements.
Tout fuit, tout se refuse à mes embrassements.
Et moi-même éprouvant la terreur que j'inspire,
Je voudrais être encor dans les prisons d'Épire.
Parlez. Phèdre se plaint que je suis outragé.
980 Qui m'a trahi ? Pourquoi ne suis-je pas vengé ?
La Grèce, à qui mon bras fut tant de fois utile,
A-t-elle au criminel accordé quelque asile ?
Vous ne répondez point. Mon fils, mon propre fils
Est-il d'intelligence avec mes ennemis ?
985 Entrons. C'est trop garder un doute qui m'accable.
Connaissons à la fois le crime et le coupable.
Que Phèdre explique enfin le trouble où je la vois.

Scène 6

HIPPOLYTE, THÉRAMÈNE

HIPPOLYTE

Où tendait ce discours qui m'a glacé d'effroi ?
Phèdre toujours en proie à sa fureur extrême,
990 Veut-elle s'accuser et se perdre elle-même ?
Dieux ! que dira le roi ? Quel funeste poison
L'amour a répandu sur toute sa maison !
Moi-même plein d'un feu[1] que sa haine réprouve,
Quel il m'a vu jadis et quel il me retrouve[2] !

---

1. Feu : amour (pour Aricie).
2. Quel il m'a vu jadis et quel il me retrouve : il me retrouve tel qu'il m'a vu jadis.

995 De noirs pressentiments viennent m'épouvanter.

Mais l'innocence enfin n'a rien à redouter.

Allons, cherchons ailleurs par quelle heureuse adresse[1]

Je pourrai de mon père émouvoir la tendresse,

Et lui dire un amour qu'il peut vouloir troubler,

1000 Mais que tout son pouvoir ne saurait ébranler.

Fin du troisième acte.

---

1. **Adresse** : habileté, subterfuge.

Acte IV

Scène première

THÉSÉE, ŒNONE

THÉSÉE

Ah ! Qu'est-ce que j'entends ? Un traître, un téméraire[1]
Préparait cet outrage à l'honneur de son père ?
Avec quelle rigueur, Destin, tu me poursuis !
Je ne sais où je vais, je ne sais où je suis.
1005 Ô tendresse ! Ô bonté trop mal récompensée !
Projet audacieux ! détestable pensée !
Pour parvenir au but de ses noires amours[2],
L'insolent de la force empruntait le secours.
J'ai reconnu le fer[3], instrument de sa rage[4],

---

1. Téméraire : audacieux et imprudent.
2. Noires amours : au pluriel, « amour » est du genre féminin.
3. Le fer : l'épée que dans sa fuite Hippolyte a laissée tomber au pied de Phèdre.
Cette épée sert de preuve à l'accusation de tentative de viol.
4. Rage : emportement violent.

1010 Ce fer dont je l'armai pour un plus noble usage.
Tous les liens du sang n'ont pu le retenir !
Et Phèdre différait[1] à le faire punir !
Le silence de Phèdre épargnait le coupable !

ŒNONE

Phèdre épargnait plutôt un père déplorable[2].
1015 Honteuse du dessein d'un amant furieux,
Et du feu criminel qu'il a pris dans ses yeux,
Phèdre mourait, Seigneur, et sa main meurtrière
Éteignait de ses yeux l'innocente lumière.
J'ai vu lever le bras, j'ai couru la sauver.
1020 Moi seule à votre amour j'ai su la conserver ;
Et plaignant à la fois son trouble et vos alarmes,
J'ai servi malgré moi d'interprète à ses larmes.

THÉSÉE

Le perfide ! Il n'a pu s'empêcher de pâlir.
De crainte en m'abordant je l'ai vu tressaillir.
1025 Je me suis étonné de son peu d'allégresse[3].
Ses froids embrassements ont glacé ma tendresse.
Mais ce coupable amour dont il est dévoré,
Dans Athènes déjà s'était-il déclaré ?

ŒNONE

Seigneur, souvenez-vous des plaintes de la reine.
1030 Un amour criminel causa toute sa haine.

---

1. **Différait** : retardait.

2. **Déplorable** : digne de pitié.

3. **Je me suis étonné de son peu d'allégresse** : je suis étonné qu'il ait manifesté si peu de joie.

THÉSÉE

Et ce feu dans Trézène a donc recommencé ?

ŒNONE

Je vous ai dit, Seigneur, tout ce qui s'est passé.
C'est trop laisser la reine à sa douleur mortelle.
Souffrez[1] que je vous quitte et me range auprès d'elle.

Scène 2

THÉSÉE, HIPPOLYTE

THÉSÉE

1035 Ah ! le voici. Grands dieux ! à ce noble maintien[2]
Quel œil ne serait pas trompé comme le mien ?
Faut-il que sur le front d'un profane adultère[3]
Brille de la vertu le sacré caractère ?
Et ne devrait-on pas à des signes certains
1040 Reconnaître le cœur des perfides humains ?

HIPPOLYTE

Puis-je vous demander quel funeste nuage,
Seigneur, a pu troubler votre auguste[4] visage ?
N'osez-vous confier ce secret à ma foi[5] ?

---

1. Souffrez : permettez.

2. À ce noble maintien : à sa noble prestance.

3. Un profane adultère : un adultère qui bafoue les liens sacrés du mariage, qui les « profane ».

4. Auguste : vénérable.

5. Foi : confiance.

THÉSÉE

Perfide, oses-tu bien te montrer devant moi ?
1045 Monstre, qu'a trop longtemps épargné le tonnerre,
Reste impur des brigands dont j'ai purgé la terre.
Après que le transport d'un amour[1] plein d'horreur
Jusqu'au lit de ton père a porté sa fureur,
Tu m'oses présenter une tête ennemie,
1050 Tu parais dans des lieux pleins de ton infamie[2],
Et ne vas pas chercher, sous un ciel inconnu
Des pays où mon nom ne soit point parvenu.
Fuis, traître. Ne viens point braver ici ma haine,
Et tenter un courroux[3] que je retiens à peine.
1055 C'est bien assez pour moi de l'opprobre[4] éternel
D'avoir pu mettre au jour un fils si criminel,
Sans que ta mort encor honteuse à ma mémoire,
De mes nobles travaux[5] vienne souiller la gloire.
Fuis. Et si tu ne veux qu'un châtiment soudain
1060 T'ajoute aux scélérats[6] qu'a punis cette main,
Prends garde que jamais l'astre qui nous éclaire
Ne te voie en ces lieux mettre un pied téméraire.
Fuis, dis-je, et sans retour précipitant tes pas,
De ton horrible aspect purge tous mes États.
1065   Et toi, Neptune[7], et toi, si jadis mon courage

---

1. **Le transport d'un amour** : la violence d'un amour.
2. **Infamie** : extrême déshonneur, ignominie.
3. **Courroux** : colère.
4. **Opprobre** : déshonneur.
5. **Travaux** : exploits.
6. **Scélérats** : criminels.
7. Neptune est le dieu des mers et des océans.

D'infâmes assassins nettoya ton rivage,
Souviens-toi que pour prix de mes efforts heureux,
Tu promis d'exaucer le premier de mes vœux.
Dans les longues rigueurs[1] d'une prison cruelle
1070 Je n'ai point imploré ta puissance immortelle.
Avare du secours que j'attends de tes soins
Mes vœux t'ont réservé pour de plus grands besoins.
Je t'implore aujourd'hui. Venge un malheureux père.
J'abandonne ce traître à toute ta colère.
1075 Étouffe dans son sang ses désirs effrontés[2].
Thésée à tes fureurs connaîtra tes bontés.

HIPPOLYTE

D'un amour criminel Phèdre accuse Hippolyte ?
Un tel excès d'horreur rend mon âme interdite[3] ;
Tant de coups imprévus m'accablent à la fois,
1080 Qu'ils m'ôtent la parole et m'étouffent la voix.

THÉSÉE

Traître, tu prétendais qu'en un lâche silence,
Phèdre ensevelirait ta brutale insolence.
Il fallait en fuyant ne pas abandonner
Le fer, qui dans ses mains aide à te condamner.
1085 Ou plutôt il fallait comblant ta perfidie[4]
Lui ravir[5] tout d'un coup la parole et la vie.

---

1. **Rigueurs** : conditions insupportables de son emprisonnement.
2. **Effrontés** : insolents.
3. **Interdite** : stupéfaite, très étonnée.
4. **Perfidie** : traîtrise, déloyauté.
5. **Ravir** : enlever.

HIPPOLYTE

D'un mensonge si noir[1] justement irrité,
Je devrais faire ici parler la vérité,
Seigneur. Mais je supprime[2] un secret qui vous touche.
1090 Approuvez le respect qui me ferme la bouche ;
Et sans vouloir vous-même augmenter vos ennuis[3],
Examinez ma vie, et songez qui je suis.
Quelques crimes toujours précèdent les grands crimes.
Quiconque a pu franchir les bornes légitimes,
1095 Peut violer enfin les droits les plus sacrés.
Ainsi que la vertu, le crime a ses degrés[4].
Et jamais on n'a vu la timide innocence
Passer subitement à l'extrême licence[5].
Un jour seul ne fait point d'un mortel vertueux
1100 Un perfide assassin, un lâche incestueux.
Élevé dans le sein d'une chaste héroïne,
Je n'ai point de son sang démenti l'origine.
Pitthée[6] estimé sage entre tous les humains,
Daigna m'instruire encore au sortir de ses mains[7].
1105 Je ne veux point me peindre avec trop d'avantage ;
Mais si quelque vertu m'est tombée en partage,
Seigneur, je crois surtout avoir fait éclater

---

1. **Si noir** : si monstrueux.
2. **Je supprime** : je cache.
3. **Vos ennuis** : votre désespoir.
4. **Degrés** : stades, étapes.
5. **Licence** : débauche.
6. Pitthée est l'arrière-grand-père d'Hippolyte, ancien roi de Trézène, réputé pour sa grande sagesse.
7. **Au sortir de ses mains** : après avoir quitté sa mère, Antiope.

La haine des forfaits[1] qu'on ose m'imputer.

C'est par là qu'Hippolyte est connu dans la Grèce.

1110 J'ai poussé la vertu jusques à la rudesse.

On sait de mes chagrins l'inflexible rigueur.

Le jour n'est pas plus pur que le fond de mon cœur,

Et l'on veut qu'Hippolyte épris d'un feu profane[2]…

comparaison
hyperbole

THÉSÉE

Oui, c'est ce même orgueil, lâche, qui te condamne.

1115 Je vois de tes froideurs le principe odieux.

Phèdre seule charmait tes impudiques yeux[3].

Et pour tout autre objet[4] ton âme indifférente

Dédaignait de brûler d'une flamme innocente.

HIPPOLYTE

Non, mon père, ce cœur (c'est trop vous le celer[5])

1120 N'a point d'un chaste amour dédaigné de brûler.

Je confesse à vos pieds ma véritable offense.

J'aime, j'aime, il est vrai, malgré votre défense.

Aricie à ses lois tient mes vœux asservis.

La fille de Pallante[6] a vaincu votre fils.

1125 Je l'adore, et mon âme à vos ordres rebelle,

Ne peut ni soupirer ni brûler que pour elle.

---

1. Forfaits : crimes.

2. Un feu profane : un amour sacrilège, qui « profane » les lois.

3. Tes impudiques yeux : tes yeux qui blessent la pudeur.

4. Objet : femme aimée ; dans la langue galante de l'époque, le mot n'a rien d'insultant.

5. Celer : cacher.

6. La fille de Pallante : il s'agit d'Aricie (voir note 4, p. 32).

THÉSÉE

Tu l'aimes ? Ciel ! Mais non, l'artifice est grossier.
Tu te feins criminel pour te justifier.

HIPPOLYTE

Seigneur, depuis six mois je l'évite, et je l'aime.
1130 Je venais en tremblant vous le dire à vous-même.
Hé quoi ? De votre erreur rien ne vous peut tirer ?
Par quel affreux serment faut-il vous rassurer ?[1]
Que la terre, le ciel, que toute la nature…

THÉSÉE

Toujours les scélérats ont recours au parjure[2].
1135 Cesse, cesse, et m'épargne[3] un importun discours,
Si ta fausse vertu n'a point d'autre secours.

HIPPOLYTE

Elle vous paraît fausse, et pleine d'artifice ;
Phèdre au fond de son cœur me rend plus de justice.

THÉSÉE

Ah ! que ton impudence excite mon courroux[4] !

HIPPOLYTE

1140 Quel temps à mon exil, quel lieu prescrivez-vous ?[5]

---

1. Par quel affreux serment faut-il vous rassurer ? : par quelle terrible promesse
puis-je vous convaincre ?
2. Parjure : faux serment.
3. M'épargne : ne me donne pas.
4. Courroux : colère.
5. Quel temps à mon exil, quel lieu prescrivez-vous ? : où m'exilez-vous et
pour combien de temps ?

THÉSÉE

Fusses-tu par delà les colonnes d'Alcide[1],
Je me croirais encor trop voisin d'un perfide.

HIPPOLYTE

Chargé du crime affreux dont vous me soupçonnez,
Quels amis me plaindront quand vous m'abandonnez ?

THÉSÉE

1145 Va cherchez des amis dont l'estime funeste
Honore l'adultère, applaudisse à l'inceste ;
Des traîtres, des ingrats sans honneur et sans loi,
Dignes de protéger un méchant tel que toi.

HIPPOLYTE

Vous me parlez toujours d'inceste et l'adultère !
1150 Je me tais. Cependant Phèdre sort d'une mère[2],
Phèdre est d'un sang, Seigneur, vous le savez trop bien,
De toutes ces horreurs plus rempli que le mien.

THÉSÉE

Quoi ! ta rage à mes yeux perd toute retenue ?
Pour la dernière fois, ôte-toi de ma vue.
1155 Sors, traître. N'attends pas qu'un père furieux
Te fasse avec opprobre[3] arracher de ces lieux.

---

1. Dressées de part et d'autre du détroit de Gibraltar par Hercule, petit-fils d'Alcée, les colonnes d'Alcide marquaient les limites du monde connu.

2. Cette « mère » est Pasiphaé, qui s'éprit d'un taureau. De leur union naquit le Minotaure, que Minos fit enfermer dans le Labyrinthe.

3. Avec opprobre : honteusement.

Scène 3

THÉSÉE, *seul*.

Misérable, tu cours à ta perte infaillible.
Neptune par le fleuve aux dieux mêmes terrible,
M'a donné sa parole, et va l'exécuter[1].
1160 Un dieu vengeur te suit, tu ne peux l'éviter.
Je t'aimais. Et je sens que malgré ton offense,
Mes entrailles pour toi se troublent par avance.
Mais à te condamner tu m'as trop engagé.
Jamais père en effet fut-il plus outragé ?
1165 Justes dieux, qui voyez la douleur qui m'accable,
Ai-je pu mettre au jour un enfant si coupable ?

Scène 4

PHÈDRE, THÉSÉE

PHÈDRE

Seigneur, je viens à vous pleine d'un juste effroi.
Votre voix redoutable a passé jusqu'à moi.
Je crains qu'un prompt effet n'ait suivi la menace.
1170 S'il en est temps encore, épargnez votre race[2].
Respectez votre sang[3], j'ose vous en prier.

---

1. Va l'exécuter : va respecter sa parole, celle d'avoir promis à Thésée de réaliser
son premier vœu. Ce premier vœu est de tuer Hippolyte.
2. Votre race : votre descendance, votre fils.
3. Respectez votre sang : épargnez votre fils.

Sauvez-moi de l'horreur de l'entendre crier.
Ne me préparez point la douleur éternelle
De l'avoir fait répandre à la main paternelle[1].

THÉSÉE

1175 Non, Madame, en mon sang ma main n'a point trempé.
Mais l'ingrat toutefois ne m'est point échappé.
Une immortelle main de sa perte est chargée.
Neptune me la doit, et vous serez vengée.

PHÈDRE

Neptune vous la doit ! Quoi ! vos vœux irrités…

THÉSÉE

1180 Quoi ! craignez-vous déjà qu'ils ne soient écoutés ?
Joignez-vous bien plutôt à mes vœux légitimes.
Dans toute leur noirceur retracez-moi ses crimes.
Échauffez[2] mes transports[3] trop lents, trop retenus.
Tous ses crimes encor ne vous sont pas connus.
1185 Sa fureur contre vous se répand en injures.
Votre bouche, dit-il, est pleine d'impostures[4].
Il soutient qu'Aricie a son cœur, a sa foi,
Qu'il aime.

PHÈDRE

Quoi, Seigneur !

---

1. À la main paternelle : par la main de son père.
2. Échauffez : attisez, excitez.
3. Transports : mouvements violents de colère.
4. Impostures : diffamations, calomnies.

THÉSÉE

Il l'a dit devant moi.

Mais je sais rejeter un frivole artifice[1].

1190 Espérons de Neptune une prompte justice.

Je vais moi-même encore au pied de ses autels,

Le presser d'accomplir ses serments immortels.

Scène 5

PHÈDRE, *seule.*

Il sort. Quelle nouvelle a frappé mon oreille ?

Quel feu mal étouffé dans mon cœur se réveille ?

1195 Quel coup de foudre, ô ciel ! et quel funeste avis !

Je volais tout entière au secours de son fils.

Et m'arrachant des bras d'Œnone épouvantée,

Je cédais au remords dont j'étais tourmentée.

Qui sait même où m'allait porter ce repentir ?

1200 Peut-être à m'accuser j'aurais pu consentir,

Peut-être, si la voix ne m'eût été coupée,

L'affreuse vérité me serait échappée.

Hippolyte est sensible[2], et ne sent rien pour moi !

Aricie a son cœur ! Aricie a sa foi !

1205 Ah dieux ! Lorsqu'à mes vœux l'ingrat inexorable[3]

S'armait d'un œil si fier, d'un front si redoutable,

Je pensais qu'à l'amour son cœur toujours fermé,

---

1. **Un frivole artifice** : une ruse trop évidente.

2. **Sensible** : capable d'aimer.

3. **Inexorable** : impitoyable.

Fût contre tout mon sexe également armé.

Une autre cependant a fléchi son audace.

1210 Devant ses yeux cruels une autre a trouvé grâce.

Peut-être a-t-il un cœur facile à s'attendrir.

Je suis le seul objet[1] qu'il ne saurait souffrir[2].

Et je me chargerais du soin de le défendre !

hyperbole

Scène 6

PHÈDRE, ŒNONE

PHÈDRE

Chère Œnone, sais-tu ce que je viens d'apprendre ?

ŒNONE

1215 Non. Mais je viens tremblante, à ne vous point mentir.

J'ai pâli du dessein qui vous a fait sortir.

J'ai craint une fureur à vous-même fatale.

PHÈDRE

Œnone, qui l'eût cru ? J'avais une rivale.

ŒNONE

Comment ?

PHÈDRE

Hippolyte aime, et je n'en puis douter.

1220 Ce farouche ennemi qu'on ne pouvait dompter,

---

1. Objet : femme, sans nuance péjorative.

2. Souffrir : supporter.

Qu'offensait le respect, qu'importunait la plainte,
Ce tigre, que jamais je n'abordai sans crainte,
Soumis, apprivoisé reconnaît un vainqueur.
Aricie a trouvé le chemin de son cœur.

ŒNONE

1225 Aricie ?

PHÈDRE

Ah, douleur non encore éprouvée !
À quel nouveau tourment je me suis réservée !
Tout ce que j'ai souffert, mes craintes, mes transports,
La fureur de mes feux, l'horreur de mes remords,
Et d'un refus cruel l'insupportable injure
1230 N'était qu'un faible essai du tourment que j'endure.
Ils s'aiment ! Par quel charme[1] ont-ils trompé mes yeux ?
Comment se sont-ils vus ? Depuis quand ? Dans quels lieux ?
Tu le savais. Pourquoi me laissais-tu séduire[2] ?
De leur furtive ardeur[3] ne pouvais-tu m'instruire ?
1235 Les a-t-on vus souvent se parler, se chercher ?
Dans le fond des forêts allaient-ils se cacher ?
Hélas ! Ils se voyaient avec pleine licence[4].
Le ciel de leurs soupirs approuvait l'innocence.
Ils suivaient sans remords leur penchant amoureux.
1240 Tous les jours se levaient clairs et sereins pour eux.

---

1. **Par quel charme** : par quel artifice magique.
2. **Séduire** : tromper.
3. **De leur furtive ardeur** : de leur amour qu'ils cachaient.
4. **Avec pleine licence** : avec une liberté totale.

Et moi, triste rebut[1] de la nature entière,
Je me cachais au jour, je fuyais la lumière.
La mort est le seul dieu que j'osais implorer.
J'attendais le moment où j'allais expirer,
1245 Me nourrissant de fiel[2], de larmes abreuvée,
Encor dans mon malheur de trop près observée,
Je n'osais dans mes pleurs me noyer à loisir,
Je goûtais en tremblant ce funeste plaisir.
Et sous un front serein déguisant mes alarmes,
1250 Il fallait bien souvent me priver de mes larmes.

ŒNONE

Quel fruit recevront-ils de leurs vaines amours ?
Ils ne se verront plus.

PHÈDRE

                    Ils s'aimeront toujours.
Au moment que je parle, ah, mortelle pensée !
Ils bravent la fureur d'une amante insensée.
1255 Malgré ce même exil qui va les écarter,
Ils font mille serments de ne se point quitter.
Non, je ne puis souffrir un bonheur qui m'outrage,
Œnone. Prends pitié de ma jalouse rage.
Il faut perdre Aricie. Il faut de mon époux
1260 Contre un sang odieux réveiller le courroux.
Qu'il ne se borne pas à des peines légères.
Le crime de la sœur passe celui des frères[3].

---

1. **Rebut** : rejet.
2. **Me nourrissant de fiel** : me nourrissant de mes chagrins.
3. Sur les Pallantides, voir note 4, p. 32.

Dans mes jaloux transports je le veux implorer.

    Que fais-je ? Où ma raison se va-t-elle égarer ?

1265 Moi jalouse ! Et Thésée est celui que j'implore !

Mon époux est vivant, et moi je brûle encore !

Pour qui ? Quel est le cœur où prétendent mes vœux ?

Chaque mot sur mon front fait dresser mes cheveux.

Mes crimes désormais ont comblé la mesure[1].

1270 Je respire à la fois l'inceste et l'imposture.

Mes homicides mains promptes à me venger,

Dans le sang innocent brûlent de se plonger.

Misérable ! Et je vis ? Et je soutiens la vue

De ce sacré soleil dont je suis descendue ?

1275 J'ai pour aïeul le père et le maître des dieux[2].

Le ciel, tout l'univers est plein de mes aïeux.

Où me cacher ? Fuyons dans la nuit infernale[3].

Mais que dis-je ? Mon père y tient l'urne fatale[4].

Le sort[5], dit-on, l'a mise en ses sévères mains.

1280 Minos juge aux enfers tous les pâles humains.

Ah ! combien frémira son ombre épouvantée,

Lorsqu'il verra sa fille à ses yeux présentée,

Contrainte d'avouer tant de forfaits divers,

Et des crimes peut-être inconnus aux enfers ?

---

1. Ont comblé la mesure : ont dépassé la mesure, vont au-delà de tout ce qu'on pouvait imaginer.

2. Père de Phèdre, le roi Minos passait pour être le fils de Zeus.

3. Dans la nuit infernale : en enfer.

4. L'urne fatale : devenu juge des enfers après sa mort, Minos tient « l'urne » (le vase) qui renferme le récit des actions et crimes de chacun et décide de leur destin : le paradis des champs Élysées ou la souffrance dans le Tartare.

5. Le sort : puissance souveraine, anonyme et supérieure aux dieux, qui décide de tout.

1285 Que diras-tu, mon père, à ce spectacle horrible ?
Je crois voir de ta main tomber l'urne terrible,
Je crois te voir cherchant un supplice nouveau,
Toi-même de ton sang devenir le bourreau.
Pardonne. Un dieu cruel a perdu ta famille[1].
1290 Reconnais sa vengeance aux fureurs de ta fille.
Hélas ! Du crime affreux dont la honte me suit,
Jamais mon triste cœur n'a recueilli le fruit.
Jusqu'au dernier soupir de malheurs poursuivie,
Je rends dans les tourments une pénible vie.

ŒNONE

1295 Hé ! repoussez, Madame, une injuste terreur.
Regardez d'un autre œil une excusable erreur.
Vous aimez. On ne peut vaincre sa destinée.
Par un charme fatal vous fûtes entraînée.
Est-ce donc un prodige inouï parmi nous ?
1300 L'amour n'a-t-il encor triomphé que de vous ?
La faiblesse aux humains n'est que trop naturelle.
Mortelle, subissez le sort d'une mortelle.
Vous vous plaignez d'un joug imposé dès longtemps[2].
Les dieux même, les dieux de l'Olympe habitants,
1305 Qui d'un bruit si terrible épouvantent les crimes,
Ont brûlé quelquefois de feux illégitimes.

---

1. Vénus poursuit de sa haine toute la descendance du Soleil depuis que celui-ci a éclairé de ses rayons ses amours illégitimes avec le dieu Mars.
2. Dès longtemps : depuis longtemps.

PHÈDRE

Qu'entends-je ? Quels conseils ose-t-on me donner ?
Ainsi donc jusqu'au bout tu veux m'empoisonner,
Malheureuse ? Voilà comme tu m'as perdue.

1310 Au jour que je fuyais, c'est toi qui m'as rendue.
Tes prières m'ont fait oublier mon devoir.
J'évitais Hippolyte, et tu me l'as fait voir.
De quoi te chargeais-tu ? Pourquoi ta bouche impie
A-t-elle en l'accusant osé noircir sa vie ?

1315 Il en mourra peut-être, et d'un père insensé
Le sacrilège vœu peut-être est exaucé.
Je ne t'écoute plus. Va-t'en, monstre exécrable[1].
Va, laisse-moi le soin de mon sort déplorable[2].
Puisse le juste ciel dignement te payer ;

1320 Et puisse ton supplice à jamais effrayer
Tous ceux qui, comme toi, par de lâches adresses,
Des princes malheureux nourrissent les faiblesses,
Les poussent au penchant où leur cœur est enclin,
Et leur osent du crime aplanir le chemin ;

1325 Détestables flatteurs, présent le plus funeste
Que puisse faire aux rois la colère céleste.

ŒNONE, *seule.*

Ah ! dieux ! Pour la servir, j'ai tout fait, tout quitté,
Et j'en reçois ce prix ? Je l'ai bien mérité.

Fin du quatrième acte.

---

1. **Exécrable** : abominable, détestable.
2. **Déplorable** : digne de pitié, de compassion.

Des clés
pour vous guider

Hippolyte vient d'avouer à son père qu'il aime Aricie, mais Thésée ne le croit pas. Il demande au dieu Neptune de le châtier. Alors qu'elle vient plaider sa cause, Phèdre est saisie d'une «jalouse rage» lorsque Thésée lui apprend l'amour d'Hippolyte pour Aricie.

1 Comment Phèdre passe-t-elle de la jalousie à la rage?

2 Quels remords éprouve-t-elle?

3 Quelle vision suscite sa terreur?

pour vous aider
- Relevez les changements de temps et de modes (v. 1275-1294).
- Repérez le champ lexical de la vue.
- Étudiez la présence du fantastique.

4 GRAMMAIRE • **Repérez un exemple de participe présent et de gérondif, dont vous analyserez les fonctions respectives.**

pour vous aider
Ce sont deux formes verbales invariables, possédant la même désinence en *-ant*, mais dont l'une est systématiquement précédée d'une préposition, toujours la même.

POUR ALLER *plus loin*

IMPRESSION DE LECTURE • À votre avis, quelles formes prend la jalousie chez Hermione dans la tragédie de Racine *Andromaque* (IV, 5).

pour vous aider
Repérez le registre de l'ironie puis de la menace.

Acte V

Scène première

HIPPOLYTE, ARICIE

ARICIE

Quoi ! vous pouvez vous taire en ce péril extrême ?
1330 Vous laissez dans l'erreur un père qui vous aime ?
Cruel, si de mes pleurs méprisant le pouvoir,
Vous consentez sans peine à ne me plus revoir,
Partez, séparez-vous de la triste[1] Aricie.
Mais du moins en partant assurez votre vie[2].
1335 Défendez votre honneur d'un reproche honteux,
Et forcez votre père à révoquer ses vœux[3].
Il en est temps encor. Pourquoi ? Par quel caprice
Laissez-vous le champ libre à votre accusatrice ?
Éclaircissez Thésée[4].

HIPPOLYTE

Hé ! que n'ai-je point dit ?

---

1. Triste : accablée de douleur.

2. Assurez votre vie : mettez-vous en sûreté.

3. Forcez votre père à révoquer ses vœux : obligez votre père à revenir sur sa décision (d'exiler Hippolyte).

4. Éclaircissez Thésée : expliquez ce qu'il en est vraiment à Thésée.

1340 Ai-je dû mettre au jour l'opprobre de son lit ? [1]
Devais-je, en lui faisant un récit trop sincère,
D'une indigne rougeur couvrir le front d'un père ?
Vous seule avez percé ce mystère odieux.
Mon cœur pour s'épancher n'a que vous et les dieux.

1345 Je n'ai pu vous cacher, jugez si je vous aime,
Tout ce que je voulais me cacher à moi-même.
Mais songez sous quel sceau [2] je vous l'ai révélé.
Oubliez, s'il se peut, que je vous ai parlé,
Madame. Et que jamais une bouche si pure

1350 Ne s'ouvre pour conter cette horrible aventure.
Sur l'équité des dieux osons nous confier.
Ils ont trop d'intérêt à me justifier [3] ;
Et Phèdre tôt ou tard de son crime punie,
N'en saurait éviter la juste ignominie [4].

1355 C'est l'unique respect que j'exige de vous.
Je permets tout le reste à mon libre courroux [5].
Sortez de l'esclavage où vous êtes réduite.
Osez me suivre. Osez accompagner ma fuite.
Arrachez-vous d'un lieu funeste et profané,

1360 Où la vertu respire un air empoisonné.
Profitez pour cacher votre prompte retraite,
De la confusion que ma disgrâce y jette.

---

1. **Ai-je dû mettre au jour l'opprobre de son lit ?** : aurais-je dû parler de son déshonneur conjugal ?
2. **Sous quel sceau** : sous le sceau du secret, à la condition que le secret soit bien gardé.
3. **Me justifier** : me rendre justice.
4. **Ignominie** : déshonneur, honte.
5. **Courroux** : colère.

Je vous puis de la fuite assurer les moyens,
Vous n'avez jusqu'ici de gardes que les miens.
1365 De puissants défenseurs prendront notre querelle[1].
Argos[2] nous tend les bras, et Sparte[3] nous appelle.
À nos amis communs portons nos justes cris.
Ne souffrons pas que Phèdre assemblant nos débris[4]
Du trône paternel nous chasse l'un et l'autre,
1370 Et promette à son fils ma dépouille[5] et la vôtre.
L'occasion est belle, il la faut embrasser.
Quelle peur vous retient ? Vous semblez balancer[6] ?
Votre seul intérêt m'inspire cette audace.
Quand je suis tout de feu, d'où vous vient cette glace ?
1375 Sur les pas d'un banni[7] craignez-vous de marcher ?

ARICIE

Hélas ! qu'un tel exil, Seigneur, me serait cher !
Dans quels ravissements, à votre sort liée
Du reste des mortels je vivrais oubliée !
Mais n'étant point unis par un lien si doux[8],
1380 Me puis-je avec honneur dérober[9] avec vous ?
Je sais que sans blesser l'honneur le plus sévère
Je me puis affranchir des mains de votre père.

---

1. **Querelle** : défense.
2. **Argos** est une ville du Péloponnèse, près du golfe de Nauplie.
3. **Sparte** est une ville du Péloponnèse, longtemps rivale d'Athènes.
4. **Débris** : maigres soutiens.
5. **Dépouille** : succession.
6. **Balancer** : hésiter.
7. **Banni** : exilé, proscrit.
8. **Par un lien si doux** : par les liens du mariage.
9. **Me dérober** : m'enfuir.

Ce n'est point m'arracher du sein de mes parents,

Et la fuite est permise à qui fuit ses tyrans ;

1385 Mais vous m'aimez, Seigneur ; et ma gloire alarmée[1]...

HIPPOLYTE

Non, non ; j'ai trop de soin de votre renommée.

Un plus noble dessein m'amène devant vous.

Fuyez vos ennemis, et suivez votre époux.

Libres dans nos malheurs, puisque le ciel l'ordonne,

1390 Le don de notre foi ne dépend de personne.

L'hymen[2] n'est point toujours entouré de flambeaux.

Aux portes de Trézène, et parmi ces tombeaux,

Des princes de ma race antiques sépultures,

Est un temple sacré formidable aux parjures[3].

1395 C'est là que les mortels n'osent jurer en vain.

Le perfide y reçoit un châtiment soudain.

Et craignant d'y trouver la mort inévitable,

Le mensonge n'a point de frein plus redoutable.

Là, si vous m'en croyez, d'un amour éternel

1400 Nous irons confirmer le serment solennel.

Nous prendrons à témoin le dieu qu'on y révère[4].

Nous le prierons tous deux de nous servir de père.

Des dieux les plus sacrés j'attesterai le nom.

Et la chaste Diane, et l'auguste Junon[5],

---

1. **Ma gloire alarmée** : ma réputation en danger.

2. **L'hymen** : le mariage.

3. **Formidable aux parjures** : redoutable pour ceux qui « se parjurent », c'est-à-dire qui renient leurs vœux ou leurs promesses.

4. **Révère** : vénère, adore.

5. Diane est la déesse de la chasse, vénérée par Hippolyte. Junon, femme de Zeus, est la déesse présidant aux mariages.

1405 Et tous les dieux enfin témoins de mes tendresses
Garantiront la foi de mes saintes promesses.

ARICIE

Le roi vient. Fuyez, Prince, et partez promptement.
Pour cacher mon départ je demeure un moment.
Allez, et laissez-moi quelque fidèle guide,
1410 Qui conduise vers vous ma démarche timide[1].

Scène 2

THÉSÉE, ARICIE, ISMÈNE

THÉSÉE

Dieux, éclairez mon trouble, et daignez à mes yeux
Montrer la vérité, que je cherche en ces lieux.

ARICIE

Songe à tout, chère Ismène, et sois prête à la fuite.

Scène 3

THÉSÉE, ARICIE

THÉSÉE

Vous changez de couleur, et semblez interdite[2],
1415 Madame! Que faisait Hippolyte en ce lieu?

---

1. Timide : craintive.
2. Interdite : profondément troublée.

ARICIE

Seigneur, il me disait un éternel adieu.

THÉSÉE

Vos yeux ont su dompter ce rebelle courage ;
Et ses premiers soupirs sont votre heureux ouvrage.

ARICIE

Seigneur, je ne vous puis nier la vérité.
1420 De votre injuste haine il n'a pas hérité.
Il ne me traitait point comme une criminelle.

THÉSÉE

J'entends, il vous jurait une amour éternelle[1].
Ne vous assurez point sur ce cœur inconstant.
Car à d'autres que vous il en jurait autant.

ARICIE

1425 Lui, Seigneur ?

THÉSÉE

Vous deviez[2] le rendre moins volage.
Comment souffriez-vous[3] cet horrible partage ?

ARICIE

Et comment souffrez-vous que d'horribles discours
D'une si belle vie osent noircir le cours ?

---

1. Au XVIIᵉ siècle, « amour » au singulier pouvait encore être au féminin ; il ne l'est de nos jours qu'au pluriel.
2. **Vous deviez** : vous auriez dû (latinisme).
3. **Souffriez-vous** : acceptiez-vous.

Avez-vous de son cœur si peu de connaissance ?
1430 Discernez-vous si mal le crime et l'innocence ?
Faut-il qu'à vos yeux seuls un nuage odieux
Dérobe sa vertu qui brille à tous les yeux ?
Ah ! c'est trop le livrer à des langues perfides.
Cessez. Repentez-vous de vos vœux homicides.
1435 Craignez, Seigneur, craignez que le ciel rigoureux[1]
Ne vous haïsse assez pour exaucer vos vœux.
Souvent dans sa colère il reçoit[2] nos victimes.
Ses présents sont souvent la peine de nos crimes.

THÉSÉE

Non, vous voulez en vain couvrir son attentat[3].
1440 Votre amour vous aveugle en faveur de l'ingrat.
Mais j'en crois des témoins certains, irréprochables.
J'ai vu, j'ai vu couler des larmes véritables.

ARICIE

Prenez garde, Seigneur. Vos invincibles mains
Ont de monstres sans nombre affranchi[4] les humains.
1445 Mais tout n'est pas détruit ; et vous en laissez vivre
Un… Votre fils, Seigneur, me défend de poursuivre.
Instruite du respect qu'il veut vous conserver,

---

1. Rigoureux : sévère et juste.
2. Il reçoit : il accepte.
3. Attentat : crime contre les lois morales et religieuses.
4. Affranchi : délivré, libéré.

Je l'affligerais trop, si j'osais achever.

J'imite sa pudeur[1], et fuis votre présence

1450 Pour n'être pas forcée à rompre le silence.

Scene 4

THÉSÉE, *seul*.

Quelle est donc sa pensée ? Et que cache un discours

Commencé tant de fois, interrompu toujours ?

Veulent-ils m'éblouir par une feinte vaine ?

Sont-ils d'accord tous deux pour me mettre à la gêne[2] ?

1455 Mais moi-même, malgré ma sévère rigueur,

Quelle plaintive voix crie au fond de mon cœur ?

Une pitié secrète et m'afflige, et m'étonne.

Une seconde fois interrogeons Œnone.

Je veux de tout le crime être mieux éclairci.

1460 Gardes. Qu'Œnone sorte et vienne seule ici.

Scène 5

THÉSÉE, PANOPE

PANOPE

J'ignore le projet que la reine médite,

Seigneur. Mais je crains tout du transport qui l'agite[3].

---

1. Pudeur : retenue.

2. Pour me mettre à la gêne : pour me torturer moralement.

3. Du transport qui l'agite : des mouvements violents qui la saisissent.

Image 1 **Auteur inconnu,** *Phèdre et sa suivante* (Iᵉʳ siècle ap. J.-C)

> Présentation et lecture de l'image, p. 187

I

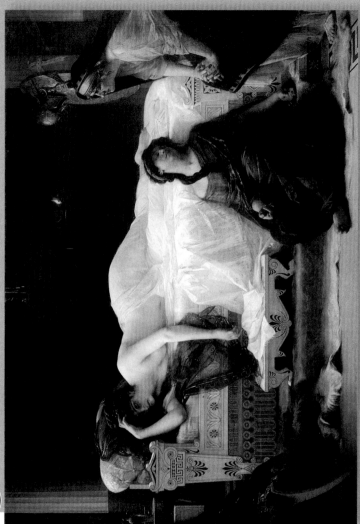

Image 3

Alexandre Cabanel, *Phèdre* **(1880)**

> Présentation et lecture de l'image, p. 188

Image 4

Phèdre de Jean Racine, *mise en scène d'Anne Delbée* (1995)

> Présentation, p. 189

Image 5

Phèdre de Jean Racine,
*mise en scène
de Luc Bondy* (1998)

> Présentation, p. 190

IV

Un mortel désespoir sur son visage est peint.
La pâleur de la mort est déjà sur son teint.
465 Déjà de sa présence avec honte chassée
Dans la profonde mer Œnone s'est lancée.
On ne sait point d'où part ce dessein furieux.
Et les flots pour jamais l'ont ravie à nos yeux.

THÉSÉE

Qu'entends-je ?

PANOPE

Son trépas[1] n'a point calmé la reine,
470 Le trouble semble croître en son âme incertaine.
Quelquefois pour flatter ses secrètes douleurs
Elle prend ses enfants, et les baigne de pleurs.
Et soudain renonçant à l'amour maternelle[2],
Sa main avec horreur les repousse loin d'elle.
475 Elle porte au hasard ses pas irrésolus.
Son œil tout égaré ne nous reconnaît plus.
Elle a trois fois écrit, et changeant de pensée
Trois fois elle a rompu sa lettre commencée.
Daignez la voir, Seigneur, daignez la secourir.

THÉSÉE

480 Ô ciel ! Œnone est morte, et Phèdre veut mourir ?
Qu'on rappelle mon fils, qu'il vienne se défendre,
Qu'il vienne me parler, je suis prêt de l'entendre[3].

---

1. Trépas : mort.
2. Voir note 1, p. 118.
3. De l'entendre : à l'entendre, à l'écouter.

Ne précipite point tes funestes bienfaits,
Neptune. J'aime mieux n'être exaucé jamais.
1485 J'ai peut-être trop cru des témoins peu fidèles.
Et j'ai trop tôt vers toi levé mes mains cruelles.
Ah! de quel désespoir mes vœux seraient suivis!

Scène 6

THÉSÉE, THÉRAMÈNE

THÉSÉE

Théramène, est-ce toi? Qu'as-tu fait de mon fils?
Je te l'ai confié dès l'âge le plus tendre.
1490 Mais d'où naissent les pleurs que je te vois répandre?
Que fait mon fils?

THÉRAMÈNE

Ô soins[1] tardifs, et superflus!
Inutile tendresse! Hippolyte n'est plus.

THÉSÉE

Dieux!

THÉRAMÈNE

J'ai vu des mortels périr le plus aimable,
Et j'ose dire encor, Seigneur, le moins coupable.

---

1. Soins: soucis, préoccupations.

THÉSÉE

495 Mon fils n'est plus ? Hé quoi ! quand je lui tends les bras,
Les dieux impatients ont hâté son trépas ?
Quel coup me l'a ravi ? Quelle foudre soudaine ?

THÉRAMÈNE

À peine nous sortions des portes de Trézène,
Il était sur son char. Ses gardes affligés
500 Imitaient son silence, autour de lui rangés.
Il suivait tout pensif le chemin de Mycènes[1].
Sa main sur ses chevaux laissait flotter les rênes.
Ses superbes coursiers[2], qu'on voyait autrefois
Pleins d'une ardeur si noble obéir à sa voix,
505 L'œil morne maintenant et la tête baissée
Semblaient se conformer à sa triste pensée.
Un effroyable cri sorti du fond des flots
Des airs en ce moment a troublé le repos ;
Et du sein de la terre une voix formidable[3]
510 Répond en gémissant à ce cri redoutable.
Jusqu'au fond de nos cœurs notre sang s'est glacé.
Des coursiers attentifs le crin s'est hérissé.
Cependant sur le dos de la plaine liquide[4]
S'élève à gros bouillons une montagne humide.
515 L'onde approche, se brise, et vomit à nos yeux
Parmi des flots d'écume un monstre furieux.

---

1. Mycènes est une ville du nord-ouest du Péloponnèse, située entre Argos et Corinthe.
2. Ses superbes coursiers : ses fiers et rapides chevaux de guerre.
3. Formidable : terrifiante.
4. Plaine liquide : mer.

Son front large est armé de cornes menaçantes.

Tout son corps est couvert d'écailles jaunissantes.

Indomptable taureau, dragon impétueux[1],

1520   Sa croupe se recourbe en replis tortueux.

Ses longs mugissements font trembler le rivage.

Le ciel avec horreur voit ce monstre sauvage,

La terre s'en émeut[2], l'air en est infecté,

Le flot, qui l'apporta, recule épouvanté.

1525   Tout fuit, et sans s'armer d'un courage inutile

Dans le temple voisin chacun cherche un asile.

Hippolyte lui seul digne fils d'un héros,

Arrête ses coursiers, saisit ses javelots,

Pousse au monstre[3], et d'un dard lancé d'une main sûre

1530   Il lui fait dans le flanc une large blessure.

De rage et de douleur le monstre bondissant

Vient aux pieds des chevaux tomber en mugissant,

Se roule, et leur présente une gueule enflammée,

Qui les couvre de feu, de sang, et de fumée.

1535   La frayeur les emporte, et sourds à cette fois,

Ils ne connaissent plus ni le frein ni la voix.

En efforts impuissants leur maître se consume.

Ils rougissent le mors[4] d'une sanglante écume.

On dit qu'on a vu même en ce désordre affreux

---

1. Impétueux : fougueux, déchaîné.

2. S'en émeut : en tremble.

3. Pousse au monstre : se porte au-devant du monstre pour l'attaquer.

4. Mors : pièce, souvent de métal, mise dans la bouche d'un cheval pour mieux le diriger.

40 Un dieu, qui d'aiguillons[1] pressait leur flanc poudreux[2].
À travers des rochers la peur les précipite.
L'essieu[3] crie, et se rompt. L'intrépide Hippolyte[4]
Voit voler en éclats tout son char fracassé.
Dans les rênes lui-même il tombe embarrassé.
45 Excusez ma douleur. Cette image cruelle
Sera pour moi de pleurs une source éternelle.
J'ai vu, Seigneur, j'ai vu votre malheureux fils
Traîné par les chevaux que sa main a nourris.
Il veut les rappeler, et sa voix les effraie.
50 Ils courent. Tout son corps n'est bientôt qu'une plaie.
De nos cris douloureux la plaine retentit.
Leur fougue impétueuse enfin se ralentit.
Ils s'arrêtent, non loin de ces tombeaux antiques,
Où des rois ses aïeux sont les froides reliques[5].
55 J'y cours en soupirant, et sa garde me suit.
De son généreux sang la trace nous conduit,
Les rochers en sont teints. Les ronces dégouttantes[6]
Portent de ses cheveux les dépouilles[7] sanglantes.
J'arrive, je l'appelle, et me tendant la main
60 Il ouvre un œil mourant, qu'il referme soudain.
Le ciel, dit-il, *m'arrache une innocente vie.*
Prends soin après ma mort de la triste Aricie.

---

1. Aiguillons : piques (longs bâtons munis d'une pointe de fer).
2. Poudreux : couvert de poussière.
3. L'essieu : la barre qui sous le char d'Hippolyte relie les roues du char.
4. L'intrépide Hippolyte : le courageux Hippolyte.
5. Reliques : restes.
6. Les ronces dégouttantes : les ronces d'où goutte le sang d'Hippolyte.
7. Les dépouilles : les morceaux de cheveux.

Cher ami, si mon père un jour désabusé[1]
Plaint le malheur d'un fils faussement accusé,
1565 *Pour apaiser mon sang, et mon ombre plaintive,*
Dis-lui, qu'avec douceur il traite sa captive,
Qu'il lui rende... À ce mot ce héros expiré[2]
N'a laissé dans mes bras qu'un corps défiguré,
Triste objet, où des dieux triomphe la colère,
1570 Et que méconnaîtrait l'œil même de son père.

THÉSÉE

Ô mon fils! cher espoir que je me suis ravi[3]!
Inexorables dieux, qui m'avez trop servi!
À quels mortels regrets ma vie est réservée!

THÉRAMÈNE

La timide[4] Aricie est alors arrivée.
1575 Elle venait, Seigneur, fuyant votre courroux[5],
À la face des dieux l'accepter pour époux.
Elle approche. Elle voit l'herbe rouge et fumante.
Elle voit (quel objet pour les yeux d'une amante!)
Hippolyte étendu, sans forme et sans couleur.
1580 Elle veut quelque temps douter de son malheur,
Et ne connaissant plus[6] ce héros qu'elle adore,
Elle voit Hippolyte, et le demande encore.

---

1. Désabusé : détrompé (le participe passé s'accorde avec « mon père » et non avec « jour » qui le précède immédiatement).

2. Expiré : mort, qui a expiré.

3. Ravi : enlevé.

4. Timide : craintive.

5. Courroux : colère.

6. Ne connaissant plus : ne reconnaissant plus.

Mais trop sûre à la fin qu'il est devant ses yeux,
Par un triste regard elle accuse les dieux,
1585 Et froide, gémissante, et presque inanimée,
Aux pieds de son amant elle tombe pâmée[1].
Ismène est auprès d'elle. Ismène toute en pleurs
La rappelle à la vie, ou plutôt aux douleurs.
Et moi, je suis venu détestant la lumière
1590 Vous dire d'un héros la volonté dernière,
Et m'acquitter, Seigneur, du malheureux emploi,
Dont son cœur expirant s'est reposé sur moi.
Mais j'aperçois venir sa mortelle ennemie.

Scène dernière

THÉSÉE, PHÈDRE,
THÉRAMÈNE, PANOPE, gardes

THÉSÉE

Eh bien vous triomphez, et mon fils est sans vie.
1595 Ah que j'ai lieu de craindre ! Et qu'un cruel soupçon
L'excusant dans mon cœur, m'alarme avec raison !
Mais, Madame, il est mort, prenez votre victime.
Jouissez de sa perte injuste, ou légitime.
Je consens que mes yeux soient toujours abusés,
1600 Je le crois criminel, puisque vous l'accusez.
Son trépas[2] à mes pleurs offre assez de matières[3],

---

1. **Pâmée** : évanouie.
2. **Trépas** : mort.
3. **Assez de matières** : assez de causes de désespoir.

Des clés
pour vous guider

Thésée doute désormais de la culpabilité de son fils et supplie Neptune de suspendre sa vengeance. Trop tard : Théramène vient lui annoncer la mort d'Hippolyte.

1 **Comment meurt précisément Hippolyte ? Dans quelles conditions ?**

2 **Analysez le pathétique de la scène.**

> *pour vous aider*
>
> Est pathétique, ce qui émeut, provoque une émotion intense, souvent pénible (douleur, pitié, horreur, terreur, tristesse).

3 **La règle dite des bienséances interdisait d'évoquer ou de montrer sur scène des épisodes trop sanglants. Comment Racine respecte-t-il cette règle, tout en rusant avec elle ?**

4 GRAMMAIRE • **Dans la phrase : « Il veut les rappeler [les chevaux] » (v. 1549), donnez la nature et la fonction de « les ».**

> *pour vous aider*
>
> « les » peut être un déterminant ou un pronom.

POUR ALLER *plus loin*

ÉCRIT D'APPROPRIATION • Théramène ne peut cacher sa douleur. Vous êtes metteur en scène : quelles consignes donnez-vous à l'acteur qui incarne Théramène ?

> *pour vous aider*
>
> Évitez l'absence d'émotion et l'excès de désespoir.

Sans que j'aille chercher d'odieuses lumières,
Qui ne pouvant le rendre à ma juste douleur,
Peut-être ne feraient qu'accroître mon malheur.
605 Laissez-moi loin de vous, et loin de ce rivage
De mon fils déchiré fuir la sanglante image.
Confus, persécuté d'un mortel souvenir,
De l'univers entier je voudrais me bannir.
Tout semble s'élever contre mon injustice.
610 L'éclat de mon nom même augmente mon supplice.
Moins connu des mortels je me cacherais mieux.
Je hais jusques au soin dont m'honorent les dieux.
Et je m'en vais pleurer leurs faveurs meurtrières,
Sans plus les fatiguer d'inutiles prières.
615 Quoi qu'ils fissent pour moi, leur funeste bonté
Ne me saurait payer de ce qu'ils m'ont ôté.

PHÈDRE

Non, Thésée, il faut rompre un injuste silence ;
Il faut à votre fils rendre son innocence.
Il n'était point coupable.

THÉSÉE
                    Ah père infortuné !
620 Et c'est sur votre foi que j'ai condamné !
Cruelle, pensez-vous être assez excusée…

PHÈDRE

Les moments me sont chers[1], écoutez-moi, Thésée.

C'est moi qui sur ce fils chaste et respectueux

Osai jeter un œil profane[2], incestueux.

1625 Le ciel mit dans mon sein une flamme funeste.

La détestable Œnone a conduit tout le reste.

Elle a craint qu'Hippolyte instruit de ma fureur,

Ne découvrît[3] un feu qui lui faisait horreur.

La perfide abusant de ma faiblesse extrême,

1630 S'est hâtée à vos yeux de l'accuser lui-même.

Elle s'en est punie, et fuyant mon courroux

A cherché dans les flots un supplice trop doux.

Le fer[4] aurait déjà tranché ma destinée.

Mais je laissais gémir la vertu soupçonnée.

1635 J'ai voulu, devant vous exposant mes remords,

Par un chemin plus lent descendre chez les morts.

J'ai pris, j'ai fait couler dans mes brûlantes veines

Un poison que Médée[5] apporta dans Athènes.

Déjà jusqu'à mon cœur le venin parvenu

1640 Dans ce cœur expirant jette un froid inconnu ;

Déjà je ne vois plus qu'à travers un nuage

Et le ciel, et l'époux que ma présence outrage ;

Et la mort à mes yeux dérobant la clarté

Rend au jour, qu'ils souillaient, toute sa pureté.

---

1. **Les moments me sont chers** : les instants me sont précieux, parce que comptés.

2. **Profane** : sacrilège.

3. **Ne découvrît** : ne révélât.

4. **Fer** : épée.

5. Médée est une magicienne et empoisonneuse, cousine de Phèdre.

PANOPE

1645 Elle expire, Seigneur.

THÉSÉE

D'une action si noire
Que ne peut avec elle expirer la mémoire !
Allons de mon erreur, hélas ! trop éclaircis
Mêler nos pleurs au sang de mon malheureux fils.
Allons de ce cher fils embrasser ce qui reste,
1650 Expier[1] la fureur d'un vœu que je déteste.
Rendons-lui les honneurs qu'il a trop mérités
Et pour mieux apaiser ses mânes[2] irrités,
Que malgré les complots d'une injuste famille
Son amante aujourd'hui me tienne lieu de fille.

FIN.

---

1. Expier : réparer une faute (en acceptant de souffrir).
2. Ses mânes : son âme.

Des clés
pour vous guider

La mort d'Hippolyte désespère Thésée. Coup du sort supplémentaire: Phèdre lui révèle la vérité et innocente Hippolyte. Elle accuse Œnone, s'accuse et se punit en s'empoisonnant. Thésée décide d'adopter Aricie et de la rétablir dans ses droits.

1 **Comment s'expriment à la fois la douleur de Thésée et son amertume?**

2 **En quoi les révélations de Phèdre accroissent-elles le tragique?**

pour vous aider
- Précisez le moment où se produisent ces révélations.
- Précisez quelle est sa situation personnelle.
- Quels regards rétrospectifs ces révélations jettent-elles sur l'action?

3 **Qu'a d'étonnant au regard des bienséances la mort de Phèdre?**

4 GRAMMAIRE • **Analysez la phrase complexe que constituent les vers 1627 et 1628.**

pour vous aider
Une phrase est complexe quand elle comporte plusieurs propositions.

POUR ALLER *plus loin*

PROLONGEMENT CULTUREL • Tout dénouement d'une tragédie n'est pas forcément malheureux; il peut être aussi heureux. Trouvez-en un exemple dans une tragédie de Corneille ou de Racine.

pour vous aider
Le *dénouement* est le moment où l'action « se dénoue » et trouve sa solution. Le dénouement doit informer sur le sort des personnages.

parcours
LITTÉRAIRE

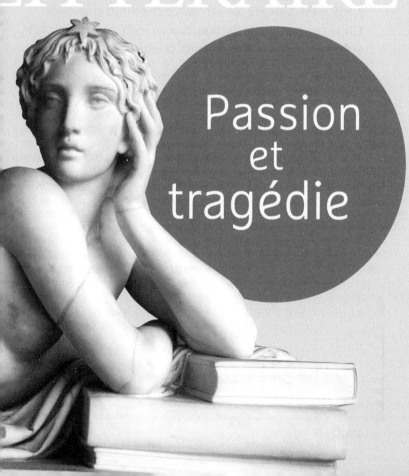

Passion
et
tragédie

La place de la passion dans la tragédie est **paradoxale**. Depuis Aristote et sa *Poétique*[1], la tragédie a pour objet de traiter de grands **intérêts d'État** (la paix, la guerre, la tyrannie…). Aussi, selon Corneille, sa « dignité demande quelque passion plus noble et plus mâle que l'amour ». La passion lui apparaît comme une **faiblesse**. Pourtant, même dans ses tragédies, celle-ci est presque constamment présente. Rares sont en effet les tragédies sans intrigue amoureuse. C'est que la passion est la source par excellence de **conflits tragiques**. Elle est un **moteur de l'action**, tout en revêtant chez Corneille et Racine deux visages différents, presque opposés.

La passion, source de conflits tragiques

La passion est **imprévisible** : tomber amoureux ne se décrète pas. Elle est **incontrôlable** : un coup de foudre ne se domine pas. Et elle ne se soucie que d'elle, le reste, tout le reste lui important peu. La passion est donc dans son principe une **force anarchique**. Aussi entre-t-elle en conflit avec ce qui lui est étranger ou contraire. Elle se révèle une **ennemie de la raison**, une rebelle à toute contrainte et même, le cas échéant, une **adversaire de l'État**.

● Une ennemie de la raison

Chez Racine, l'amour naît d'un **coup de foudre**. C'est aussitôt un bouleversement intérieur, un trouble physique, un égarement de l'esprit. Phèdre ne sait plus ce qu'elle fait (I, 3), pas plus que la sultane, éprise de Bajazet (*Bajazet*, I, 1, v. 141-142). Cette **défaite de la raison** n'est pas le propre des femmes, les hommes la connaissent également.

---

1. Philosophe grec du IVe siècle avant notre ère, disciple de Platon, Aristote a exposé dans sa *Poétique* les principales lois de la tragédie (grecque), que les dramaturges du XVIIe siècle s'efforcèrent de respecter.

Jean Racine (1639-1699)
Britannicus (1669), acte II, scène 2

Dans Britannicus, *Néron est un jeune empereur romain, encore sage. Mais on lui a tant vanté la beauté de Junie qu'il la fait nuitamment enlever et venir dans son palais. À peine l'aperçoit-il qu'il en tombe éperdument amoureux. Pour la conquérir, il n'hésitera devant aucune menace ni aucun crime.*

NÉRON

Narcisse, c'en est fait, Néron est amoureux.

NARCISSE

Vous ?

NÉRON

Depuis un moment, mais pour toute ma vie.
J'aime, que dis-je, aimer ? j'idolâtre Junie !

NARCISSE

Vous l'aimez ?

NÉRON

Excité d'un[1] désir curieux,
5 Cette nuit je l'ai vue arriver en ces lieux,
Triste, levant au ciel ses yeux mouillés de larmes,
Qui brillaient au travers des flambeaux et des armes,
Belle, sans ornements, dans le simple appareil
D'une beauté qu'on vient d'arracher au sommeil.
10 Que veux-tu ? Je ne sais si cette négligence[2],
Les ombres, les flambeaux, les cris et le silence,
Et le farouche aspect de ses fiers[3] ravisseurs,
Relevaient de ses yeux les timides douceurs,
Quoi qu'il en soit, ravi d'une si belle vue,

---

1. D'un : par.
2. Négligence : simple tenue nocturne.

3. Fiers : cruels, barbares.

15 J'ai voulu lui parler, et ma voix s'est perdue[1] :
    Immobile, saisi d'un long étonnement[2],
    Je l'ai laissé passer dans son appartement[3].
    J'ai passé dans le mien. C'est là que, solitaire,
    De son image en vain j'ai voulu me distraire[4].
20 Trop présente à mes yeux je croyais lui parler,
    J'aimais jusqu'à ses pleurs que je faisais couler[5].
    Quelquefois, mais trop tard, je lui demandais grâce ;
    J'employais les soupirs, et même la menace.
    Voilà comme, occupé de mon nouvel amour,
25 Mes yeux, sans se fermer, ont attendu le jour.

🡆 Le conflit avec l'honneur

Cornélienne ou racinienne, la tragédie porte la passion à son **intensité maximale**. Les **obligations morales** comme les devoirs dus au statut social (royal ou aristocratique) que l'on possède s'en trouvent du même coup combattus ou négligés.

TEXTE 2 Pierre Corneille (1606-1684)
Le Cid (1637), acte III, scène 4

Dans Le Cid[6], *Chimène et Rodrigue s'aiment. Pour laver l'insulte faite à son père (don Diègue), Rodrigue provoque en duel le père de Chimène (don Gormas) et le tue. Les lois de l'honneur l'exigeaient. Mais c'est maintenant au tour de Chimène de venger la mort de son père et de réclamer la tête de Rodrigue, que pourtant elle continue d'aimer.*

---

1. Ma voix s'est perdue : je n'ai pu parler, émettre une parole.

2. Saisi d'un long étonnement : paralysé comme par la foudre.

3. Passer dans son appartement : rejoindre son appartement.

4. Me distraire : me détourner.

5. Parce que Néron a ordonné son arrestation.

6. *Le Cid* est à l'origine, en 1637, une tragi-comédie, que plus tard Corneille remaniera et rebaptisera tragédie.

DON RODRIGUE

Ne diffère donc plus[1] ce que l'honneur t'ordonne :
Il demande ma tête, et je l'abandonne ;
Fais-en un sacrifice à ce noble intérêt :
Le coup m'en sera doux, aussi bien que l'arrêt[2].
5 Attendre après mon crime une lente justice,
C'est reculer ta gloire autant que mon supplice.
Je mourrai trop heureux, mourant d'un coup si beau.

CHIMÈNE

Va, je suis ta partie[3], et non pas ton bourreau.
Si tu m'offres ta tête, est-ce à moi de la prendre ?
10 Je la dois attaquer, mais tu dois la défendre ;
C'est d'un autre que toi qu'il me faut l'obtenir,
Et je dois te poursuivre[4], et non pas te punir.

DON RODRIGUE

De quoi qu'en ma faveur notre amour t'entretienne,
Ta générosité[5] doit répondre à la mienne ;
15 Et pour venger un père emprunter d'autres bras,
Ma Chimène, crois-moi, c'est n'y répondre pas.
Ma main seule du mien a su venger l'offense,
Ta main seule du tien doit prendre la vengeance.

CHIMÈNE

Cruel ! à quel propos sur ce point t'obstiner ?
20 Tu t'es vengé sans aide, et tu m'en veux donner !
Je suivrai ton exemple, et j'ai trop de courage
Pour souffrir qu'avec toi ma gloire se partage.
Mon père et mon honneur ne veulent rien devoir
Aux traits de ton amour ni de ton désespoir.

---

1. Ne diffère donc plus : ne remets pas à plus tard.
2. Arrêt : sentence.
3. Partie : adversaire dans un procès, Chimène s'en remettant à la justice du roi.

4. Poursuivre : attaquer en justice.
5. Générosité : au sens particulier de « grandeur d'âme », de « noblesse de sentiments ».

Une adversaire de l'État

La passion peut enfin conduire à une **révolte radicale contre l'État**, dès lors qu'il lui apparaît comme une **menace**. C'est fréquent dans les tragédies de Corneille.

TEXTE 3 **Pierre Corneille** (1606-1684)
Horace (1640), acte I, scène 2

> *Dans* Horace, *deux villes, Albe et Rome, se combattent pour s'assurer de la suprématie de la région. Rome choisit trois frères pour porter ses couleurs : les trois Horace ; Albe en fait autant de son côté et choisit également trois frères, les trois Curiace. La sœur des Horace, Camille, est fiancée à l'un trois Curiace tandis que la sœur des Curiace, Sabine, est mariée à l'un des trois Horace. Or voici qu'une trêve est décidée. L'un des trois Curiace en profite pour rendre visite à sa fiancée. Camille croit qu'il déserte pour elle par amour, et l'en félicite.*

CAMILLE

Curiace, il suffit, je devine le reste :
Tu fuis une bataille à tes vœux si funeste,
Et ton cœur, tout à moi, pour ne me perdre pas,
Dérobe à ton pays le secours[1] de ton bras.
5 Qu'un autre considère ici ta renommée[2],
Et te blâme, s'il veut, de m'avoir trop aimée ;
Ce n'est point à Camille à t'en mésestimer[3] ;
Plus ton amour paraît, plus elle doit t'aimer ;
Et, si tu dois beaucoup aux lieux qui t'ont vu naître,
10 Plus tu quittes pour moi, plus tu le fais paraître[4].
Mais as-tu vu mon père[5], et peut-il endurer[6]
Qu'ainsi dans sa maison tu t'oses retirer ?

---

1. Le secours : l'appui.
2. Renommée : réputation.
3. T'en mésestimer : te mépriser pour cette raison (celle d'avoir déserté).
4. Plus tu le fais paraître : plus tu montres que tu m'aimes.
5. Mon père : le Vieil Horace, père des trois Horace et de Camille.
6. Endurer : supporter.

Ne préfère-t-il point l'État à sa famille ?
Ne regarde-t-il point Rome plus que sa fille ?
15 Enfin notre bonheur est-il affermi ?
T'a-t-il vu comme gendre, ou bien comme ennemi ?

La passion, moteur de l'action tragique

Génératrice de conflits, la passion joue, sur le plan dramaturgique, un rôle essentiel dans la construction et le déroulement de l'action : elle est à l'origine de **nombreuses péripéties**, provoque des **face-à-face souvent dramatiques** et précipite le dénouement.

◗ À l'origine de nombreuses péripéties

Les tragédies notamment de Racine sont construites sur le principe dit de la **chaîne amoureuse**. Dans *Andromaque*, par exemple, Oreste aime Hermione qui aime Pyrrhus mais qui récemment encore aimait Hermione et qui aime maintenant Andromaque, laquelle reste fidèle à la mémoire de son mari, Hector (tué lors de la prise de Troie par le père de Pyrrhus). De là naissent des **jalousies**. Celui, celle, qui aime mais n'est pas aimé(e) en retour nourrit sa vengeance et cherche par tous les moyens à empêcher l'autre d'être heureux. Les **hésitations** et les **revirements sentimentaux** ajoutent à la confusion. Ce sont autant de péripéties ou de coups de théâtre qui nourrissent l'intrigue.

TEXTE 4 **Jean Racine** (1639-1699)
Andromaque (1667), acte I, scène 4

Dans la scène suivante, Andromaque, qui est la prisonnière de guerre de Pyrrhus, refuse ses avances et le renvoie vers Hermione. En vain.

PYRRHUS

Comment lui[1] rendre un cœur que vous me retenez ?
Je sais que de mes vœux on lui promit l'empire[2] ;
Je sais que pour régner elle vint dans l'Épire ;
Le sort vous y voulut l'une et l'autre amener :
5 Vous, pour porter des fers[3] ; elle, pour en donner.
Cependant ai-je pris quelque soin de lui plaire ?
Et ne dirait-on pas, en voyant au contraire
Vos charmes tout-puissants, et les siens dédaignés,
Qu'elle est ici captive, et que vous régnez ?
10 Ah ! qu'un seul des soupirs que mon cœur vous envoie,
S'il s'échappait vers elle, y porterait de joie !

ANDROMAQUE

Et pourquoi vos soupirs seraient-ils repoussés ?
Aurait-elle[4] oublié vos services passés ?
Troie, Hector, contre vous révoltent-ils son âme ?
15 Aux cendres d'un époux[5] doit-elle enfin sa flamme ?
Et quel époux encore ! Ah ! souvenir cruel !
Sa mort seule a rendu votre père immortel.
Il doit au sang d'Hector tout l'éclat de ses armes,
Et vous n'êtes tous deux connus que par mes larmes.

PYRRHUS

20 Hé bien, Madame, hé bien, il vous faut vous obéir :
Il faut vous oublier, ou plutôt vous haïr.
Oui, mes vœux[6] ont trop loin poussé leur violence
Pour ne plus s'arrêter que dans l'indifférence[7].

---

1. **Lui** : Hermione, princesse grecque.
2. **Je sais que de mes vœux on lui promit l'empire** : on lui promit qu'elle aurait un pouvoir absolu (« empire ») sur mon cœur.
3. Racine joue sur le sens du mot « fers » qui désignent la prison et, dans la langue galante de l'époque, l'esclavage amoureux. **Pour porter des fers** : pour être prisonnière. **Pour en donner** (des fers) : pour soumettre aux lois de son cœur.

4. **Elle** : Hermione, princesse grecque, amoureuse de Pyrrhus qui la doit épouser.
5. **Époux** : Hector, prince troyen, tué au combat par Achille, père de Pyrrhus.
6. **Mes vœux** : mes désirs et souhaits amoureux.
7. **Pour ne plus s'arrêter que dans l'indifférence** : pour désormais se contenter d'être simplement indifférent.

Songez-y bien : il faut désormais que mon cœur,
25 S'il n'aime avec transport, haïsse avec fureur.
Je n'épargnerai rien dans ma juste colère :
Le fils me répondra des mépris de la mère[1] ;
La Grèce le demande[2], et je ne prétends pas
Mettre toujours ma gloire à sauver des ingrats.

Un retournement dramatique : le sacrifice de la passion

Si par les jalousies ou les désirs de vengeance qu'elle suscite la passion peut aboutir à des **catastrophes**, elle peut aussi dans d'autres cas se résigner et se soumettre douloureusement aux nécessités politiques. **La passion accepte de se sacrifier.**

TEXTE 5

Pierre Corneille (1606-1684)
Rodogune (1644), acte IV, scène 1

Dans la pièce qui porte son nom, Rodogune aime Antiochus, le fils de Cléopâtre, la reine de Syrie. Mais elle épousera, quoi qu'il lui en coûte, son frère jumeau Séleucus si celui devient roi.

RODOGUNE

J'aime, n'abusez, Prince, de mon secret,
Au milieu de ma haine il m'échappe à regret,
Mais enfin il m'échappe, et cette retenue
Ne peut plus soutenir l'effort de votre vue[3] ;
5 Oui, j'aime un de vous deux[4], malgré ce grand courroux,
Et ce dernier soupir dit assez que c'est vous.
    Un rigoureux devoir à cet amour s'oppose,
Ne m'en accusez point, vous en êtes la cause,

---

1. Le fils me répondra des mépris de la mère : Pyrrhus se vengera sur le fils (Astyanax) des refus qu'il aura essuyés de la part de la mère.
2. Les Grecs craignent que s'il vivait, Astyanax, qui n'est encore qu'un enfant, ne veuille un jour venger la mort de son père Hector et que ne se

rallume ainsi une nouvelle guerre de Troie. Ils souhaitent l'exécuter.
3. Soutenir l'effort de votre vue : supporter l'effet violent que votre vue provoque sur moi.
4. Vous deux : Antiochus et son frère jumeau Séleucus.

Vous l'avez fait renaître en me pressant d'un choix[1]
10 Qui rompt de vos Traités les favorables lois.
D'un père mort pour moi[2] voyez le sort étrange[3],
Si vous me laissez libre, il faut que je le venge,
Et mes feux[4] dans mon âme ont beau s'en mutiner[5],
Ce n'est qu'à ce prix seul que je puis me donner :
15 Mais ce n'est pas de vous qu'il faut que je l'attende.
Votre refus[6] est juste, autant que ma demande,
À force de respect votre amour s'est trahi,
Je voudrais vous haïr, s'il m'avait obéi,
Et je n'estime pas l'honneur d'une vengeance
20 Jusqu'à vouloir d'un crime être la récompense.
Rentrons donc sous les lois que m'impose la Paix,
Puisque m'en affranchir, c'est vous perdre à jamais.
Prince, en votre faveur je ne puis davantage.
L'orgueil de ma naissance enfle encor mon courage[7],
25 Et quelque grand pouvoir que l'amour ait sur moi,
Je n'oublierai jamais que je me dois un Roi.
Oui, malgré mon amour j'attendrai d'une mère
Que le Trône me donne, ou vous, ou votre frère.
Attendant son secret[8], vous aurez mes désirs,
30 Et s'il le fait régner, vous aurez mes soupirs ;
C'est tout ce qu'à mes feux ma gloire peut permettre
Et tout ce qu'à vos feux les miens osent promettre.

➤ Une cause du dénouement

Consciemment ou non, la passion est souvent à l'origine du dénouement des tragédies de Racine. Dans *Andromaque*, Hermione, **folle de jalousie** à

---

1. En me pressant d'un choix : me poussant
à dire qui j'aime.
2. Le père de Séleucus et d'Antiochus était tombé
amoureux de Rodogune ; de crainte qu'il ne
l'épouse et qu'elle ne devienne reine, Cléopâtre
l'a fait assassiner.
3. Étrange : extraordinaire.
4. Mes feux : mon amour

5. S'en mutiner : se révolter.
6. Votre refus : le refus d'Antiochus de tuer
sa mère, Cléopâtre.
7. Mon courage : mon cœur.
8. Secret : le secret de la naissance des jumeaux
dont Cléopâtre, seule, sait qui est l'aîné, donc
le futur prétendant au trône.

l'idée de voir Pyrrhus épouser Andromaque décide de le faire assassiner par Oreste qui, par amour pour elle, lui obéit. Le dénouement est tout autre dans *Bérénice*, où le **désespoir de perdre l'être aimé** n'est pourtant moins grand.

TEXTE 6 **Jean Racine** (1639-1699)
Andromaque (1667), acte V, scène 3

Sitôt après avoir assassiné Pyrrhus, Oreste revient vers Hermione qui le chasse. Pyrrhus désormais mort, elle ne pourra même plus rêver le séduire de nouveau. Hermione maudit Oreste qui ne comprend pas. N'est-ce pas elle qui lui a ordonné de le tuer ? Oreste sombrera dans la folie. Quant à Hermione, elle ira se suicider sur le cadavre de Pyrrhus.

HERMIONE

Ah ! fallait-il en croire une amante insensée ?
Ne devais-tu pas[1] lire au fond de ma pensée ?
Et ne voyais-tu pas, dans mes emportements,
Que mon cœur démentait ma bouche à tous moments ?
5 Quand je l'aurais voulu[2], fallait-il y souscrire ?
N'as-tu pas dû[3] cent fois te le faire redire ?
Toi-même avant le coup me venir consulter,
Y revenir encore, ou plutôt m'éviter ?
Que ne me laissais-tu le soin de ma vengeance ?
10 Qui t'amène en des lieux où l'on fuit ta présence ?
Voilà de ton amour le détestable fruit :
Tu m'apportais, cruel, le malheur qui te suit.
C'est toi dont l'ambassade[4], à tous deux fatale,
L'a fait pour son malheur pencher vers ma rivale.
15 Nous le verrions encor nous partager ses soins ;
Il m'aimerait peut-être, il le feindrait du moins.
Adieu. Tu peux partir. Je demeure en Épire :

---

1. Ne devais-tu pas : n'aurais-tu pas dû (latinisme).
2. L'aurais voulu : j'aurais voulu tuer Pyrrhus.
3. N'as-tu pas dû : n'aurais-tu pas dû (latinisme).

4. Oreste est officiellement l'ambassadeur des Grecs auprès de Pyrrhus, l'Épire étant alors un royaume indépendant.

Je renonce à la Grèce, à Sparte[1], à son empire[2],
À toute ma famille ; et c'est assez pour moi,
20 Traître, qu'elle ait produit un monstre comme toi.

TEXTE 7 **Jean Racine** (1639-1699)
Bérénice (1670), acte V, scène 7

Depuis longtemps la reine de Palestine, Bérénice, et Titus, le fils de l'empe-
reur de Rome, s'aiment. Mais voici qu'à la mort de son père, Titus devient
empereur. Or une loi de l'empire lui interdit d'épouser une reine. Titus se
soumet à la raison d'État, Bérénice également, mais douloureusement.

BÉRÉNICE

J'aimais, Seigneur[3], j'aimais : je voulais être aimée.
Ce jour, je l'avoûrai[4], je me suis alarmée :
J'ai cru que votre amour allait finir son cours.
Je connais mon erreur[5], et vous m'aimez toujours.
5 Votre cœur s'est troublé, j'ai vu couler vos larmes ;
Bérénice, Seigneur, ne vaut point tant d'alarmes :
Ni que par votre amour l'univers malheureux,
Dans le temps que[6] Titus attire tous ses vœux
Et que de vos vertus il goûte les prémices[7],
10 Se voie[8] en un moment enlever ses délices.
Je crois, depuis cinq ans jusqu'à ce dernier jour,
Vous avoir assuré d'un véritable amour.
Ce n'est pas tout : je veux, en ce moment funeste,
Par un dernier effort couronner tout le reste.
15 Je vivrai, je suivrai vos ordres absolus.
Adieu, Seigneur, régnez : je ne vous verrai plus.

---

1. Hermoine est princesse de Sparte.
2. Empire : royaume.
3. Seigneur : Titus, tout nouvel empereur de Rome.
4. Je l'avoûrai : je l'avouerai.
5. Je connais mon erreur : je me rends compte de mon erreur.

6. Dans le temps que : dans le temps où.
7. Prémices : débuts.
8. Se voie : subjonctif présent du verbe « voir » qui a pour sujet « l'univers malheureux » cité trois vers plus haut.

Deux visages de la passion dans la tragédie

Si la passion joue un rôle majeur dans le déroulement de l'action, elle ne présente pas pour autant un visage unique. Sa peinture n'est pas du tout la même chez Corneille que chez Racine. **Le premier souvent la valorise ; le second, la déprécie.**

➤ Passion et grandeur d'âme chez Corneille

Les tragédies de Corneille offrent souvent une image valorisante de la passion. Aimer, c'est se montrer **digne d'être aimé** et par conséquent digne de celle ou de celui qu'on aime. C'est faire preuve d'une grandeur d'âme. L'amour devient dès lors un **dépassement de soi**, qui exige un effort, parfois douloureux, et qui est une forme d'héroïsme.

TEXTE 8
Pierre Corneille (1606-1684)
Cinna (1641), acte V, scène 2

Dans Cinna, *Émilie et Cinna conspirent pour assassiner l'empereur Auguste qui les chérit pourtant comme ses propres enfants. Le complot est découvert. Le couple sait dès lors que la mort les attend. Sous le regard d'Auguste, Cinna et Émilie rivalisent de générosité : chacun se dit seul coupable, seul organisateur du complot dans l'espoir de sauver l'autre. Le couple en devient plus uni que jamais. L'intensité dramatique de la scène n'en est que plus forte.*

CINNA

Que la vengeance est douce à l'esprit d'une femme !
Je l'attaquai par là[1], par là je pris son âme ;
Dans mon peu de mérite elle me négligeait[2],
Et ne put négliger le bras qui la vengeait :

---

1. Je l'attaquai par là : je la séduisis en flattant son désir de vengeance.

2. Dans mon peu de mérite elle me négligeait : elle considérait que je n'avais assez de mérite pour m'épouser.

5 Elle n'a conspiré que par mon artifice[1] ;
J'en suis le seul auteur, elle n'est que complice.

ÉMILIE

Cinna, qu'oses-tu dire ? est-ce là me chérir,
Que de m'ôter l'honneur quand il me faut mourir ?

CINNA

Mourez, mais en mourant ne souillez point ma gloire.

ÉMILIE

10 La mienne se flétrit, si César te veut croire.

CINNA

Et la mienne se perd, si vous tirez à vous
Toute celle qui suit de si généreux coups[2].

ÉMILIE

Eh bien ! prends-en ta part, et me laisse la mienne ;
Ce serait l'affaiblir que d'affaiblir la tienne :
15 La gloire et le plaisir, la honte et les tourments,
Tout doit être commun entre de vrais amants.
Nos deux âmes, seigneur[3], sont deux âmes romaines ;
Unissant nos désirs, nous unîmes nos haines ;
De nos parents perdus le vifs ressentiment
20 Nous apprit nos devoirs en un même moment ;
En ce noble dessein nos cœurs se rencontrèrent ;
Nos esprits généreux ensemble le formèrent ;
Ensemble nous cherchons l'honneur d'un beau trépas :
Vous vouliez nous unir, ne nous séparez pas.

---

1. Mon artifice : ma ruse (flatter son désir
de vengeance).

2. Généreux coups : nobles tentatives (comme
de comploter pour tuer un tyran).

3. Seigneur : l'empereur Auguste, à qui Émilie
s'adresse désormais.

● Amour et culpabilité chez Racine

Contrairement à Corneille, Racine a une **vision pessimiste de la passion**. Dans ses tragédies, tomber amoureux, c'est tomber en faute, c'est **transgresser une loi ou un tabou**. Parce qu'il est son beau-fils, Hippolyte est le seul homme que Phèdre ne peut ni ne doit aimer. Comme Phèdre, ceux qui aiment invoquent la fatalité, la volonté des dieux. Cette fatalité est purement poétique, car il n'est pas nécessaire que Vénus intervienne pour tomber amoureux. La fatalité fonctionne comme une extériorisation de la puissance et de la violence du sentiment amoureux.

TEXTE 9   **Jean Racine** (1639-1699)
Bérénice (1670), acte II, scène 2

Dans Britannicus, *Néron est déjà marié quand il s'éprend de Junie. En aimant Andromaque, représentante de l'ennemi troyen, Pyrrhus se fait parjure et menace l'équilibre militaire et politique de la région. Qu'elle soit politique ou morale, et parfois les deux en même temps, une loi contredit les élans du cœur et les rend coupables. Tel est encore le cas dans* Bérénice. *Tout nouvel empereur de Rome, Titus explique à son confident Paulin : la raison d'État s'oppose à son mariage avec Bérénice et même à la poursuite de leur liaison.*

TITUS

Rome observe aujourd'hui ma conduite nouvelle.
Quelle honte pour moi, quel présage pour elle,
Si dès les premiers pas, renversant tous ses droits,
Je fondais mon bonheur sur le débris des lois[1] !
5 Résolu d'accomplir ce cruel sacrifice,
J'y voulus préparer la triste Bérénice[2].
Mais par où commencer ? Vingt fois depuis huit jours,
J'ai voulu devant elle en ouvrir le discours[3] ;

---

1. Le débris des lois : la ruine des lois par le refus de Titus de les respecter.
2. Triste Bérénice : Bérénice dont le sort est funeste.

3. En ouvrir le discours : commencer à lui en parler.

Et dès le premier mot ma langue embarrassée
10 Dans ma bouche vingt fois a demeuré glacée.
J'espérais que du moins mon trouble et ma douleur
Lui ferait pressentir notre commun malheur ;
Mais sans me soupçonner, sensible à mes alarmes[1],
Elle m'offre sa main pour essuyer mes larmes,
15 Et ne prévoit rien moins dans cette obscurité[2]
Que la fin d'un amour qu'elle a trop mérité.
Enfin j'ai ce matin rappelé ma constance :
Il faut la voir, Paulin[3], et rompre le silence.

● La passion et la « purgation des passions »

Même quand elle évoque les pires égarements auxquels la passion peut conduire, la tragédie du XVIIᵉ siècle a toujours affirmé ses **intentions morales**. En voyant les souffrances et les malheurs des personnages, le spectateur se libère du même coup des passions qu'il pourrait secrètement éprouver. C'est le principe de la **catharsis**, mot grec signifiant « purification ».

TEXTE 10   ## Abbé Dubos (1670-1742)
Réflexions critiques sur la poésie et sur la peinture (1717)

De nombreux théoriciens du théâtre ont réfléchi et écrit sur ce que devait être la tragédie classique. L'abbé Dubos est de ceux-là. Il voit dans la passion l'exemple même de ce que doit être la catharsis.

Un homme qui sait quelles inquiétudes la passion de l'amour est capable de causer ; un homme qui sait à quelles extravagances elle conduit les plus sages, et dans quels périls elle précipite les plus circonspects[4], désirera très sérieuse-
5 ment de n'être jamais livré à cette ivresse. Or les poésies dramatiques[5], en mettant sous nos yeux les égarements où

---

1. Alarmes : craintes, soucis.
2. Obscurité : trouble, aveuglement.
3. Paulin : nom du confident de Titus.

4. Circonspects : prudents, réservés.
5. Poésies dramatiques : tragédies.

les passions nous conduisent, nous en font connaître les symptômes et la nature plus sensiblement qu'un livre ne saurait le faire. Voilà pourquoi l'on a dit dans tous les temps que la tragédie purgeait les passions.

10

➤ Conclusion

La passion aurait-elle donc pour but d'en délivrer les spectateurs, de les en guérir ou protéger ? Rien n'est moins sûr. Pour Bossuet[1], la tragédie excite au contraire les passions qu'elle prétend corriger :

«Dites-moi, que veut un Corneille dans son *Cid*, sinon qu'on aime Chimène, qu'on l'adore avec Rodrigue, qu'on tremble avec lui lorsqu'il est dans la crainte [...] ? Le premier principe sur lequel agissent les poètes tragiques et comiques, c'est qu'il faut intéresser le spectateur ; et si l'auteur ou l'acteur d'une tragédie ne le sait pas émouvoir et le transporter de la passion qu'il veut exprimer, où tombe-t-il, si ce n'est dans le froid, dans l'ennuyeux, dans le ridicule ?» (*Maximes et réflexions sur la comédie*, 1694).

La passion dont de prime abord la place dans une tragédie n'allait pas de soi en devient un élément central, parce qu'elle s'inscrit au cœur de tout homme, qu'elle en révèle l'intimité ou qu'elle en dévoile la **grandeur** ou les **faiblesses**.

---

1. Bossuet (1627-1704), prêtre puis évêque, théologien, écrivain, auteur notamment de sermons et d'oraisons funèbres, est l'un des prédicateurs les plus importants de son époque.

DOSSIER

La structure de *Phèdre* : une descente aux enfers

Unique, l'action de Phèdre est complexe, comportant une intrigue amoureuse et une intrigue politique. La pièce est par excellence une tragédie de la parole, où dire heurte des tabous et précipite la perte des personnages. L'intensité dramatique n'en est que plus forte.

Une action complexe

1 *Une chaîne amoureuse*

• Thésée aime Phèdre qui aime Hippolyte qui aime Aricie, qui l'aime en retour. À cette dernière exception près, l'amour n'est pas partagé : de là naissent **souffrances, jalousie et désir de vengeance**. Et quand l'amour est partagé, il ne procure aucun bonheur durable : la mort d'Hippolyte rend Aricie inconsolable.

2 Une querelle de succession

• Thésée est roi d'Athènes. L'annonce de sa mort ouvre sa succession : qui pour monter sur le trône d'Athènes ? **Trois prétendants** sont **possibles** : Phèdre (et son fils, même s'il n'apparaît jamais) en tant qu'épouse de Thésée ; Hippolyte, fils d'un premier mariage de Thésée ; et Aricie, princesse de sang royal, dont la famille fut massacrée par Thésée.

3 Deux intrigues, une seule action

• Entre l'**intrigue amoureuse** et l'**intrigue politique**, des liens s'entremêlent comme **deux fils d'une même tresse**. L'amour favorise ou contrecarre selon les cas les ambitions politiques. L'unité d'action, propre à la dramaturgie classique, est ainsi respectée.

Une tragédie de la parole

1 Une succession d'aveux rythme l'action

• Aricie confie à Ismène qu'elle aime Hippolyte (II, 1) puis tous deux se déclarent leur amour (II, 2), Hippolyte révèle enfin à son père sa passion pour Aricie (IV, 2). Préférant mourir plutôt que de dire qu'elle aime Hippolyte, Phèdre avoue par trois fois sa passion : à Œnone (I, 3), à Hippolyte (II, 5) et à Thésée (V, 7).

2 Des aveux frappés d'interdits

• Chacun de ces aveux brise un **tabou, moral ou politique**. Condamnée par Thésée au célibat, Aricie est la seule femme qu'Hippolyte ne devrait pas aimer. Mariée à Thésée, Phèdre aime son beau-fils d'une passion qu'elle juge elle-même incestueuse.

3 Des aveux mortels

• Ces aveux conduisent à la **perte de leurs auteurs**. Hippolyte ne parvient pas à convaincre son père qui appelle sur lui la colère de Neptune. Phèdre glisse irrémédiablement vers sa déchéance. Parler leur est fatal.

Une forte intensité dramatique

1 De fréquents coups de théâtre

• Chaque acte en comporte un : une rumeur annonce la mort de Thésée (I), Athènes choisit Phèdre pour lui succéder (II), Thésée revient (III), Œnone calomnie Hippolyte (IV), mort d'Hippolyte et suicide de Phèdre (V). **L'action ne faiblit jamais**.

2 Un traitement tragique du temps

• Les événements s'agencent avec la précision d'une **machine infernale**. À peine Phèdre a-t-elle avoué son amour à Hippolyte que Thésée, cru mort, revient. Doutant de la culpabilité de son fils, Thésée veut interroger plus avant Œnone : on lui annonce son suicide par noyade. Supplie-t-il

Neptune de ne pas châtier son fils? Théramène lui fait le long récit de sa mort.

3 Une puissance poétique

• La **variété des registres et des tons** (lyrisme, hallucinations...) et les **effets musicaux** que Racine tire de l'alexandrin confèrent enfin à la pièce une force exceptionnelle, tant il est vrai qu'il n'y a pas de grande tragédie sans poésie.

Présentation générale de la structure de la pièce

Personnages	Actions
Acte I • Deux secrets dévoilés et un coup de théâtre	
Scène 1 • Hippolyte: fils inquiet et amoureux démasqué	
• Hippolyte, fils de Thésée, roi d'Athènes • Théramène, son gouverneur	• Hippolyte annonce à Théramène qu'il part à la recherche de son père, dont il est sans nouvelle depuis six mois. • Théramène soupçonne un autre motif à ce départ: Hippolyte fuirait-il la princesse Aricie de peur de tomber sous son charme? • Hippolyte, s'en défend sans convaincre Théramène, qui vient de lui arracher son secret.
Scène 2 • Phèdre, obstinément silencieuse, se meurt	
• Hippolyte • Œnone, nourrice et confidente de Phèdre	• Œnone annonce à Hippolyte que Phèdre se meurt d'un mal mystérieux. • Hippolyte décide dans ces conditions de partir sans lui faire ses adieux.
Scène 3 • Premier aveu et première défaite de Phèdre	
• Phèdre, femme de Thésée, fille de Minos et de Pasiphaé • Œnone	• Phèdre fait part à Œnone de son désir de mourir au plus vite pour ne pas révéler la vraie cause du mal qui la ronge. • Œnone la presse de s'expliquer, lui arrache son secret. • Phèdre reconnaît aimer Hippolyte, son beau-fils, d'une passion dévorante et irrésistible.

Scène 4 • Coup de théâtre : Thésée serait mort !	
• Phèdre • Œnone • Panope, femme de la suite de Phèdre	• Panope, sur la foi d'une rumeur, confirme la mort de Thésée. • Déjà s'engage la querelle de sa succession sur le trône d'Athènes.
Scène 5 • Amour et politique	
• Phèdre • Œnone	• Œnone presse Phèdre de vivre. • Aimer Hippolyte n'est plus un crime, puisqu'avec la mort de Thésée celui-ci cesse d'être son beau-fils. • Politiquement, Œnone conseille à Phèdre de se rapprocher d'Hippolyte pour contrecarrer les possibles ambitions d'Aricie.

Acte II • Trois aveux d'amour et un coup de théâtre

Scène 1 • L'aveu d'Aricie, secrètement amoureuse d'Hippolyte	
• Aricie, princesse de sang royal d'Athènes • Ismène, sa confidente	• Ismène apprend à Aricie que Thésée a trouvé la mort lors d'une lointaine expédition galante : Hippolyte serait moins sévère que son père qui la maintenait prisonnière. • Aricie hésite à croire sa confidente, à qui elle dit aimer Hippolyte.
Scène 2 • L'aveu direct d'Hippolyte à Aricie	
• Hippolyte • Aricie • Ismène	• Hippolyte rend sa liberté à Aricie et renonce au trône d'Athènes en sa faveur. • Aricie s'étonne d'une telle générosité. • Hippolyte lui avoue qu'il l'aime.
Scène 3 • La demande d'entrevue de Phèdre	
• Hippolyte • Aricie • Théramène • Ismène	• Théramène informe Hippolyte que Phèdre désire lui parler.
Scène 4 • Hippolyte toujours décidé à partir	
• Hippolyte • Théramène	• Hippolyte ordonne à Théramène de préparer son départ.

Scène 5 • Deuxième aveu de Phèdre, cette fois à Hippolyte	
• Phèdre • Hippolyte • Œnone	• Phèdre se trouble à la vue d'Hippolyte. Hippolyte met l'émotion de Phèdre sur le compte du choc d'avoir perdu Thésée. • Phèdre dit avoir beaucoup aimé Thésée. Mais le portrait qu'elle fait de son mari correspond de moins en moins à celui de Thésée et de plus en plus à celui d'Hippolyte. • Hippolyte n'ose comprendre. Phèdre lui dit alors passionnément l'aimer, tout en en ayant honte. Elle supplie Hippolyte de la tuer, lui arrache son épée. • Horrifié, Hippolyte s'enfuit.
Scène 6 • Coup de théâtre : Thésée serait vivant !	
• Hippolyte • Théramène	• Selon Théramène Athènes s'est déclarée en faveur de Phèdre et de son fils ; et Thésée ne serait pas mort comme on l'avait cru.
Acte III • L'innocence persécutée	
Scène 1 • L'amour contre le pouvoir	
• Phèdre • Œnone	• Phèdre espère encore et malgré tout se faire aimer d'Hippolyte. • Pour le séduire, elle est prête à lui céder le trône d'Athènes. • Elle charge Œnone de lui porter cette proposition.
Scène 2 • La déchéance consciente de Phèdre	
• Phèdre	• Bref monologue de Phèdre qui, consciente de sa propre déchéance, implore l'aide de Vénus : que la déesse rende Hippolyte amoureux !
Scène 3 • Une calomnie pour se sauver du déshonneur	
• Phèdre • Œnone	• Œnone revient précipitamment sans avoir vu Hippolyte, porteuse d'une nouvelle imprévue : Thésée est de retour. • Phèdre s'affole : si Hippolyte parle à son père, elle est perdue d'honneur ! • La seule issue qu'elle entrevoit est de mourir au plus tôt. • Œnone l'en dissuade : sa mort passerait pour un aveu de culpabilité. Mieux vaut prendre les devants et accuser Hippolyte d'avoir tenté de la violer. Son épée, qu'elle a conservée, en sera la preuve matérielle. • Désespérée, Phèdre laisse Œnone agir à sa guise.

Scène 4 • La réapparition de Thésée	
• Thésée, fils d'Égée, roi d'Athènes • Hippolyte • Phèdre • Œnone • Théramène	• Thésée paraît, tout à la joie de retrouver sa femme. • Phèdre l'interrompt, lui dit qu'il a été offensé, qu'elle est indigne de le recevoir. Elle se retire.

Scène 5 • Un accueil glacial et mystérieux	
• Thésée • Hippolyte • Théramène	• Thésée s'étonne de l'étrange accueil que vient de lui réserver Phèdre. • Hippolyte lui annonce son désir de partir. • Thésée s'interroge : qui, en son absence, l'aurait trahi ? Il décide d'interroger Phèdre.

Scène 6 • Une attente angoissée	
• Hippolyte • Théramène	• Inquiétude d'Hippolyte : que va dire Phèdre ? Comment va réagir son père ?

Acte IV • L'innocence condamnée à mort

Scène 1 • Le triomphe de la calomnie	
• Thésée • Œnone	• Convaincu par les calomnies d'Œnone, Thésée croit son fils coupable.

Scène 2 • La vaine justification d'Hippolyte	
• Thésée • Hippolyte	• Hippolyte tente en vain de se disculper. • Le seul crime qu'il ait commis est d'avoir désobéi à son père en tombant amoureux d'Aricie, que Thésée a condamné au célibat. • Thésée prend cet aveu pour une ruse de son fils, qu'il exile.

Scène 3 • Un exil et une condamnation à mort	
• Thésée	• Monologue de Thésée, qui appelle la colère de Neptune sur la tête de son fils.

Scène 4 • Phèdre apprend l'existence d'une rivale	
• Phèdre • Thésée	• Venue supplier Thésée d'épargner la vie de son fils, Phèdre apprend de la bouche de son mari qu'Hippolyte aime Aricie.

SCÈNE 5 • Désespoir de Phèdre	
• Phèdre	• Monologue de Phèdre, qui clame son désespoir de savoir Hippolyte amoureux d'une autre.

SCÈNE 6 • Jalousie, rage et désir suicidaire de Phèdre	
• Phèdre • Œnone	• Jalousie de Phèdre, désormais prête à tout pour perdre sa rivale. • Incapable toutefois de persécuter l'innocence, elle se reprend, se décide à mourir. • Elle maudit et chasse Œnone.

Acte V • Un dénouement tragique : la mort d'Hippolyte et le suicide de Phèdre

SCÈNE 1 • Hippolyte et Aricie : un couple galant	
• Hippolyte • Aricie	• Hippolyte s'efforce de convaincre Aricie de s'enfuir avec lui. • Celle-ci lui conseille plutôt de dire la vérité à Thésée. Hippolyte s'y refuse pour sauvegarder la réputation de son père. • Aricie accepte de le rejoindre près d'un temple, où ils pourront se marier.

SCÈNE 2 • Courte scène de liaison	
• Thésée • Aricie • Ismène	• Hippolyte part à l'arrivée de Thésée. • Aricie demande à Ismène de préparer sa propre fuite.

SCÈNE 3 • Le courage et la mise en garde d'Aricie	
• Thésée • Aricie	• Prenant la défense d'Hippolyte, Aricie met en garde Thésée contre son aveuglement. S'il a tué de nombreux monstres dans sa jeunesse, il ne les a pas tous tués. Il en reste peut-être un… Aricie n'achève pas sa phrase.

SCÈNE 4 • Les doutes de Thésée	
• Thésée, seul	• Monologue de Thésée. Le doute s'insinue dans son esprit. Son fils serait-il innocent ? • Il veut de nouveau interroger Œnone.

SCÈNE 5 • Le suicide d'Œnone et l'entrée en agonie de Phèdre	
• Thésée • Panope	• Panope annonce à Thésée que Phèdre est au plus mal et qu'Œnone s'est suicidée en se jetant dans la mer. • Thésée supplie Neptune de ne pas châtier son fils.

SCÈNE 6 • La mort héroïque d'Hippolyte	
• Théramène • Thésée	• Théramène fait le long récit de la mort, héroïque et pathétique, d'Hippolyte, attaqué par un dragon surgi des flots.

SCÈNE 7 • Troisième et dernier aveu de Phèdre à Thésée	
• Thésée • Phèdre • Théramène • Panope	• Phèdre agonisante innocente Hippolyte, se déclare seule coupable et meurt du poison qu'elle a absorbé. • Véritable mort-vivant, Thésée décide d'accorder une sépulture honorable à son fils et d'adopter Aricie.

Le personnage de Phèdre

Phèdre est la fille de Pasiphaé et de Minos, roi de Crète. Par sa mère, elle est la petite-fille du Soleil; par son père, elle descend lointainement de Jupiter. Son ascendance est donc des plus prestigieuses. Sa déchéance n'en est que plus spectaculaire. Proie d'un amour fou, Phèdre est une victime parfois coupable, qui connaît une déchéance tragique.

La proie d'un amour fou

À peine Phèdre a-t-elle épousé Thésée (I, 3, v. 269-270) qu'elle éprouve un coup de foudre pour son beau-fils. Ressentant cet **amour** comme « **criminel** », elle tente en vain de lui résister.

① Un coup de foudre

• Sa passion naît brusquement : d'un regard, d'un seul, sur Hippolyte. « Je le vis, je rougis, je pâlis à sa vue » (I, 3, v. 273). La **parataxe**[1] souligne et renforce l'**intensité du choc**. Il est si fort que Phèdre en est physiquement bouleversée :

> Un trouble s'éleva dans mon âme éperdue.
> Mes yeux ne voyaient plus, je ne pouvais parler,
> Je sentis tout mon corps et transir, et brûler.
> (I, 3, v. 274-276)

• D'emblée, sa passion atteint sa plus grande intensité. La pensée d'Hippolyte ne la quitte plus. Ironie du sort et « comble de misère » (I, 3, v. 289) : Phèdre retrouve les traits du fils sur le visage du père, de Thésée devenu son époux.

---

1. La *parataxe* juxtapose des propositions sans qu'apparaisse une quelconque marque de conjonction de coordination ou de subordination.

2 Un amour « criminel »

• Cet amour, elle le ressent comme une faute. La question n'est pas de savoir si au regard des lois morales ou religieuses de l'Antiquité ou du XVIIᵉ siècle, Phèdre est objectivement **coupable**. Il suffit qu'elle se ressente comme telle : « J'ai conçu pour mon crime une juste terreur » (I, 3, v. 307). En aimant un autre homme que son mari, elle se juge « **adultère** » (III, 3, v. 841) ; en aimant son beau-fils, elle se juge **incestueuse** (IV, 6, v. 1270). Elle se voit en « monstre affreux » (II, 5, v. 703). À l'instant même où elle se déclare à Hippolyte, elle se déteste de ne pouvoir se taire :

> Ne pense pas qu'au moment que je t'aime,
> Innocente à mes yeux je m'approuve moi-même.
> (II, 5, v. 673-674)

Phèdre n'est que désir et son désir n'est que souffrance et honte.

3 Un amour irrésistible

• Aussi a-t-elle tenté par tous les moyens d'**étouffer sa** « **flamme** ». Elle a imploré Vénus (la déesse de l'amour) d'avoir pitié d'elle et elle a multiplié les sacrifices à son intention. En vain. Phèdre s'est donc appliquée à fuir Hippolyte. Elle a obtenu de Thésée qu'il exile son fils loin d'Athènes, à Trézène (I, 3, v. 292-294). Depuis, Phèdre a retrouvé la paix et une certaine forme d'« innocence » (I, 3, v. 298). Pour peu de temps : partant pour une expédition en Épire, Thésée vient de la conduire à Trézène pour la confier, en son absence, à la garde de son fils. Par une nouvelle **ironie du sort**, c'est lui qui provoque leurs retrouvailles (I, 3, v. 302-303).

Une victime parfois coupable

L'impossibilité de guérir de cet amour lui fait penser qu'elle est victime d'une fatalité divine. Elle l'est en réalité tout autant d'elle-même. Phèdre est une innocente coupable.

1 Une victime d'une fatalité divine

• De sa passion, dont elle ne peut se délivrer, Phèdre accuse Vénus, la déesse de l'amour, d'être responsable. Le Soleil, en se levant, ayant dévoilé ses amours adultères avec le dieu Mars, la déesse (mariée à Vulcain) poursuivrait de sa haine toute la descendance de ce même Soleil : en inspirant à Pasiphaé (mère de Phèdre) une passion contre nature pour un taureau, dont elle eut pour fils le Minotaure ; en poussant Ariane, la sœur de Phèdre, à aider Thésée à tuer le Minotaure, donc son demi-frère ; et en inspirant à Phèdre une passion incestueuse. «**C'est Vénus tout entière à sa proie attachée**» (I, 3, v. 306), dit-elle d'elle-même. Accuser Vénus diminue d'autant sa responsabilité.

2 Une victime d'elle-même

• Celle-ci n'est pas pour autant nulle. Si Phèdre est une **victime**, elle est aussi **responsable** de certains de ses actes et, à ce titre, fautive. Tout en s'indignant à l'idée de calomnier Hippolyte, elle laisse Œnone agir à sa guise (III, 3, v. 911). Pour fléchir Hippolyte dont elle a cru discerner l'ambition, elle imagine de lui céder ses droits sur le trône d'Athènes (III, 1, v. 800-810). Quand elle apprend qu'elle a une «rivale» en Aricie, elle songe immédiatement à la «perdre» (IV, 6, v. 1259). Sa jalousie ne doit rien à Vénus. Sa plus grande faute réside enfin d'avoir longtemps écouté les conseils d'Œnone et de la laisser agir à sa guise.

3 Une innocente coupable

• Selon la *Poétique* d'Aristote à l'origine des principes et des règles de la tragédie classique, le héros, ou l'héroïne, se doit d'être «médiocre», c'est-à-dire, au sens étymologique du terme, «moyen». En faisant de Phèdre un personnage «**ni tout à fait coupable, ni tout à fait innocente**» (préface de la pièce), Racine respecte cette règle. Victime de la colère de Vénus, Phèdre inspire la pitié ; fautive, elle suscite la «terreur». De là vient l'émotion tragique qu'elle suscite.

Une déchéance tragique

Phèdre connaît en effet une déchéance progressive : par ses trois aveux, toujours plus graves, par son suicide, par lequel elle se punit et qui achève son implacable descente aux enfers.

1 Trois aveux plus graves les uns que les autres

• « Je meurs, pour ne point faire un aveu si funeste » (I, 3, v. 226) : cet aveu, Phèdre le fait pourtant par trois fois, s'enfonçant à chaque fois un peu plus dans le déshonneur. Œnone lui arrache son **premier aveu** (I, 3). C'est encore sans conséquence, Œnone lui étant absolument dévouée. Mais c'est déjà une faiblesse que de parler.

• Son **deuxième aveu**, celui fait à Hippolyte (II, 5), est plus grave : il la met à la merci d'Hippolyte, qui devient désormais un danger. D'où la calomnie d'Œnone, qui finit par provoquer son exil et sa mort.

• Le **troisième aveu** de Phèdre est sa confession à Thésée (V, 7) : elle innocente Hippolyte et reconnaît sa culpabilité. Elle qui, à l'acte I, voulait mourir pour conserver sa réputation, meurt à l'acte V complètement déshonorée.

2 Un suicide punition

• Si sa confession lui rend sa dignité, son suicide, par empoisonnement, ne la rachète pourtant pas : ni aux yeux de Thésée et d'Aricie, ni surtout à ses propres yeux.

> Et la mort à mes yeux dérobant la clarté
> Rend au jour, qu'ils souillaient, toute sa pureté.
> (V, 7, v. 1643-1644)

• Ce sont ses dernières paroles. La « pureté » retrouvée, dont il est ici question, n'est pas la sienne, mais celle du « jour », auquel se rapporte l'adjectif possessif « sa ». Phèdre qui s'est toujours vue comme un « **monstre** » élimine en se suicidant le dernier « monstre » des rivages de la Grèce. Son geste est celui du **désespoir** le plus profond, une sanction qu'elle s'inflige à elle-même.

3 Une implacable descente aux enfers

• Dans sa préface à l'édition de sa pièce, Racine écrit que Phèdre est ce qu'il a « peut-être mis de plus raisonnable sur le théâtre ». L'affirmation a de quoi surprendre, tant Phèdre est l'incarnation des **égarements de la passion amoureuse**. En fait, l'adjectif « raisonnable » n'a pas ici son sens moderne de « rationnel » ou de « sensé », mais de « logique », de « cohérent ». Dans la situation qui est la sienne, Phèdre obéit à l'**implacable logique de ses sentiments** qui ne peut que la conduire à la mort. Le tragique acquiert par-là une force et une intensité maximales. La « raison » du spectateur ou du lecteur ne peut qu'en être satisfaite.

> RÉCAPITULATIF

Le personnage de Phèdre

1 La proie d'un amour fou
• Elle se juge adultère et incestueuse
• Elle ne parvient pas à renoncer à cet amour

3 Une déchéance tragique
• Ses aveux l'enfoncent dans le déshonneur
• Son suicide est le châtiment qu'elle s'inflige

2 Une victime parfois coupable
• Elle subit la colère de Vénus
• Elle accepte de calomnier Hippolyte

FICHE 3

Les autres personnages

Thésée

Époux en premières noces d'Antiope et, en secondes noces, de Phèdre, Thésée, roi d'Athènes, est un héros auréolé de gloire mais vieillissant et fatigué, et un père finalement tragique.

1 Un héros auréolé de gloire

• Thésée a un passé prestigieux. Justicier et redresseur de torts, il a purgé l'univers des bandits et des monstres qui l'infectaient (I, 1, v. 75-82). La Grèce l'admire et le considère comme le successeur d'Hercule, c'est-à-dire presque comme un **demi-dieu**. Les dieux d'ailleurs lui sont redevables de son héroïsme: pour le remercier d'avoir pacifié ses rivages, Neptune, le dieu de la mer, lui a promis d'exaucer le premier vœu qu'il formulerait (IV, 2). Même s'il choque son fils, son **donjuanisme** (I, 1, v. 85-89) participe de sa réputation. Tout

> **Le donjuanisme**
>
> Par référence au don Juan de Molière (dans la pièce du même nom) qui est un séducteur sans scrupules, le donjuanisme consiste en une constante recherche de nouvelles conquêtes féminines.

héros se doit d'avoir des aventures galantes. Célèbre pour ses douze travaux, Hercule l'était aussi pour ses amours nombreuses (I, 1, v. 122-123).

2 Un héros vieillissant et fatigué

• Thésée qui revient (à partir de III, 4) d'une éprouvante expédition en Épire au voisinage des enfers n'est pourtant plus le héros triomphant qu'il fut: il aspire à la paix et à des joies familiales (III, 5). La lucidité lui manque: **crédule**, il croit trop facilement les calomnies d'Œnone; **aveuglé**, il n'écoute pas la défense, pourtant étayée, d'Hippolyte: «Examinez ma vie, et songez qui je suis» (IV, 2, v. 1092); **colérique**, il demande trop rapidement à Neptune de châtier ce fils qu'il s'obstine à croire «criminel» (IV, 2, v. 1056). Tout se passe comme si ce qui avait fait sa gloire se retournait contre lui: «moi-même éprouvant la terreur que j'inspire,/ Je voudrais être encor dans les prisons d'Épire» (III, 5, v. 977-978).

3 Un père tragique

• Père aimant son fils (IV, 3, v. 1161), Thésée devient par son **aveugle-ment** un père responsable de la mort de son fils. Pourquoi Neptune l'a-t-il si vite exaucé ? Sa **souffrance** s'accroît avec la confession de Phèdre. En lui révélant l'innocence d'Hippolyte, elle donne au malheur du père toute sa **profondeur tragique**. Accablé par les dieux, trahi par sa femme, il adopte Aricie. Cet acte de justice ne lui est que d'une maigre consolation. Même sa gloire lui est devenue un fardeau : « L'éclat de [son] nom même augmente [son] supplice » (V, 7, v. 1610).

Hippolyte

Fils de Thésée et d'Antiope, reine des Amazones, Hippolyte est un fils admiratif et complexé, respectueux mais désobéissant. Il est un innocent injustement condamné.

1 Un fils admiratif et complexé

• En son père, Hippolyte aime l'homme des exploits. « Fils inconnu d'un si glorieux père » (III, 5, v. 945), il souffre toutefois de n'en avoir encore accompli aucun. Sa jeunesse se passe à chasser, à dompter des che-vaux, à conduire des chars (I, 1, v. 130-132). Au même âge, son père avait déjà triomphé de « plus d'un monstre farouche » (III, 5, v. 938). Ce **complexe d'infériorité** se double chez lui d'un **complexe misogyne**, par réaction au donjuanisme de son père. Hippolyte ne veut pas entendre parler d'amour et se glorifie de l'indifférence qu'il affiche à l'égard des femmes (I, 1). C'est donc un être **intérieurement déchiré**.

2 Un fils respectueux et désobéissant

• S'il respecte son père au point de ne pas se rebeller contre lui, Hip-polyte lui désobéit pourtant en s'éprenant d'Aricie. Aimer Aricie, c'est en effet **enfreindre la loi paternelle**. Thésée l'a condamnée au célibat pour que s'éteignent avec elle les droits légitimes que sa famille pos-sédait sur le trône d'Athènes. C'est pourquoi Hippolyte ne lui révèle son amour qu'en toute dernière extrémité. C'est pourquoi aussi son père ne le croit pas et prend cet aveu pour une ruse destinée à détourner les accusations d'Œnone : « Tu te feins criminel pour te justifier » (IV, 2, v. 1128), lui réplique son père.

③ Un innocent injustement condamné

• La mort d'Hippolyte est marquée d'une forte **ironie du sort**. Lui qui rêvait d'héroïsme trouve dans les circonstances de sa mort l'occasion d'accomplir un exploit : seul, il charge le dragon et lui porte des coups mortels (V, 6, v. 1527-1530). Innocent, il est autant **victime des calomnies d'Œnone** que du zèle de Neptune, qui en tant que dieu, devait connaître la vérité. Enfin Hippolyte meurt pour n'avoir pas dénoncé Phèdre à son père quand Phèdre meurt pour l'avoir laissé dénoncer. Hippolyte voit son courage et son innocence tragiquement punis.

Aricie

Aricie est une prisonnière politique (une « victime d'État » disait-on alors), une jeune première amoureuse et rebelle, et une princesse pathétique.

① Une prisonnière politique

• Aricie possède autant de droits que Thésée sur le trône d'Athènes. Èrechthée, son arrière-grand-père, fonda la cité. Pandion, son grand-père, eut pour fils Pallas et adopta en même temps Égée, dont Thésée est le fils. Aricie est donc la cousine (par adoption) de Thésée. Pour accéder au pouvoir, Thésée massacra tous les descendants de Pallas. S'il épargna Aricie, il lui impose un célibat absolu. Sans enfant, ainsi s'éteindrait avec elle sa lignée (I, 1, v. 105-111 ; II, 1, v. 421-430). Jusqu'à son adoption finale par Thésée, Aricie est donc une « **victime d'État** » (ce qui ne veut pas dire qu'elle vit en prison, mais qu'elle est, dirait-on aujourd'hui, en résidence surveillée).

② Une jeune première amoureuse et rebelle

• Son amour pour Hippolyte la définit tout entière. Comme lui, elle s'est longtemps rebellée contre l'idée et le fait de tomber amoureuse

(II, 1, v. 432-436) et comme lui elle le devient. Sa jeunesse ne lui fait pas oublier ses origines ni ce qu'elle doit à son honneur de femme et de princesse : elle n'accepte de suivre Hippolyte dans son exil que sur la promesse d'un mariage immédiat, « aux portes de Trézène » (V, 1, v. 1392). Son **courage** et sa **lucidité** sont manifestes. Seule, elle tient tête à Thésée lui disant ce que par respect filial Hippolyte n'ose lui dire. C'est elle qui introduit le doute dans l'esprit de Thésée sur la culpabilité de son fils (V, 1).

3) Une princesse pathétique

• Sa destinée ne peut inspirer que la compassion. Courant vers Hippolyte qu'elle pense épouser, elle découvre son cadavre :

> Par un triste regard elle accuse les dieux,
> Et froide, gémissante, et presque inanimée,
> Aux pieds de son amant elle tombe pâmée.
> (V, 6, v. 1584-1586)

• L'**hypotypose**[1] rend la scène des plus **pathétiques**. C'est la dernière vision que le spectateur ou le lecteur a d'elle. Si elle survit physiquement, elle est morte affectivement. La lueur d'espoir que constitue son adoption est bien faible.

Œnone

Œnone est une double figure : maternelle et maudite.

1) Une figure maternelle

• « **Confidente** » et naguère « **nourrice** » de Phèdre, Œnone est comme la seconde mère de celle-ci, à laquelle elle est charnellement dévouée. Tous ses efforts ne tendent qu'à un seul but : empêcher Phèdre de mourir, par tous les moyens, même les plus injustes ou les plus moralement condamnables. D'où son **stratagème calomnieux** (III, 3, v. 886-892).

---

1. Une hypotypose est une figure de style par laquelle une scène que l'on ne voit pas s'impose fortement à l'esprit.

② Une figure maudite

• Pour prix de son dévouement, Phèdre, revenue de son égarement, la maudit : «Va-t-en, monstre exécrable» (IV, 6, v. 1317). Il ne lui reste plus, dès lors, qu'à se suicider (en se noyant) moins par remords que pour n'avoir pu sauver Phèdre du déshonneur. C'est la seule chose qu'elle ne peut supporter. Racine fait ainsi porter sur elle la **responsabilité des malheurs de Phèdre**.

> RÉCAPITULATIF

4 Œnone
• Une figure maternelle
• Une figure maudite, responsable des malheurs de Phèdre

1 Thésée
• Un héros glorieux
• Un héros vieillissant et fatigué
• Un père tragique

Les autres personnages

3 Aricie
• Une prisonnière politique
• Une jeune femme amoureuse et rebelle
• Une princesse pathétique

2 Hippolyte
• Un fils admiratif et complexé
• Un fils respectueux et désobéissant
• Un innocent injustement condamné

Les principaux thèmes

L'amour, les monstres et la fatalité sont les thèmes les plus marquants de la pièce.

L'amour

Née d'un regard et possédant la violence d'un coup de foudre, la passion amoureuse se révèle impossible, douloureuse et destructrice.

① Une passion impossible

• Thésée aime Phèdre qui aime Hippolyte : l'amour n'est pas pour eux payé de retour. Et quand il l'est par exception, il est condamné. Hippolyte et Aricie s'aiment : ils le paient, lui de sa vie, elle d'un célibat désespéré. Dans la tragédie racinienne, **il n'y a pas d'amour heureux**.

• Impossible, la passion l'est aussi parce qu'elle se heurte à des **interdits moraux ou politiques**. Aimant son beau-fils, Phèdre « respire à la fois l'inceste et l'imposture » (IV, 6, v. 1270). Hippolyte désobéit à son père qui « par de lois sévères » condamne tout prétendant à la main d'Aricie (I, 1, v. 105-106). Chacun vit donc sa passion sur le mode de la culpabilité.

② Une passion douloureuse

• Comme les personnages ne peuvent se délivrer de l'image obsédante de l'être aimé, l'amour leur est une torture. Le champ lexical l'atteste abondamment. Ce ne sont que « flamme », « feu », « ardeur », « égarement », « fer », « joug ». Racine n'invente pas ce vocabulaire qu'il emprunte à la langue galante et précieuse de son époque, mais le fait qu'il le choisisse est significatif de la conception de l'amour que ses personnages véhiculent : **l'amour est une brûlure**, un asservissement, un tourment. Chacun essaie en conséquence de fuir l'être aimé, mais c'est toujours en vain : Phèdre revoit Hippolyte, et Hippolyte revoit Aricie.

② Une passion destructrice

• La souffrance conduit les personnages jusqu'à la « **fureur** ». Le mot revient fréquemment. « De l'amour j'ai toutes les fureurs » (I, 3, v. 259), reconnaît Phèdre. Hippolyte, pourtant moins emporté, est accusé d'être « un amant furieux » (IV, 1, v. 1015) et d'avoir porté « sa fureur » « jusqu'au lit de [son] père » (IV, 2, v. 1048). Or la « fureur » conserve au XVIIe siècle son sens fort, hérité du latin, de « **folie** ».

• La **jalousie** l'aggrave dans le cas de Phèdre (IV, 6, v. 1252-1254). La mort ne peut qu'être l'aboutissement logique de l'amour : Phèdre se suicide, par remords ; Hippolyte meurt de l'imprudent vœu de son père. Seuls survivent Thésée et Aricie, les deux anciens ennemis, mais s'ils vivent physiquement, ils sont morts affectivement.

Monstres et monstruosité

Phèdre est une tragédie du monstrueux : par son arrière-plan mytho-logique où rôdent des créatures effrayantes et par le comportement scandaleux des personnages. Il en résulte une atmosphère de terreur et démesure.

① Des créatures effrayantes

• À deux reprises, Hippolyte rappelle les exploits de son père, « les monstres étouffés » qu'il vainquit (I, 1, v. 79) et les « monstre[s] farouche[s] » qu'il tua durant sa jeunesse (III, 5, v. 937-939). Ces monstres ne sont toutefois ni nommés ni décrits. La référence au **Minotaure** (I, 1, v. 82) renvoie en revanche à une **donnée mythologique** plus précise. Fruit des amours contre-nature de Pasiphaé (la mère de Phèdre) et d'un taureau, le Mino-taure était un homme à tête de taureau, enfermé pour cette raison dans un labyrinthe construit par l'architecte Dédale (II, 5, v. 651-661). Enfin, c'est un effroyable dragon surgi de la mer qui trouble l'ordre naturel du monde et qui provoque la mort d'Hippolyte :

Ses longs mugissements font trembler le rivage.
Le ciel avec horreur voit ce monstre sauvage,
La terre s'en émeut, l'air en est infecté,
Le flot, qui l'apporta, recule épouvanté.
(V, 6, v. 1521-1524)

2 Des êtres humains monstrueux

• La monstruosité apparaît être par ailleurs la caractéristique principale des personnages. Chacun est un **monstre à ses propres yeux ou à ceux d'autrui**. Phèdre se qualifie elle-même de « monstre » (II, 5, v. 703), voit Hippolyte « comme un monstre effroyable » (III, 3, v. 884) et finit même par dire d'Œnone qu'elle est un « monstre exécrable » (IV, 6, v. 1317).

• De son côté, Thésée pense que son fils est un « monstre, qu'a trop long-temps épargné le tonnerre », un « reste impur des brigands dont [il a] purgé la terre » (v. 1045-1046). Quant à Aricie, elle laisse clairement entendre à Thésée que Phèdre est un « monstre » :

Prenez garde, Seigneur. Vos invincibles mains
Ont de monstres sans nombre affranchi les humains.
Mais tout n'est pas détruit ; et vous en laissez vivre
Un…
(V, 3, v. 1443-1446).

3 Une atmosphère de terreur et de démesure

• La question n'est pas de savoir si les personnages sont réellement des monstres ni de déterminer leur degré de monstruosité. Elle n'est pas non plus de s'interroger sur l'existence ou non d'animaux plus ou moins effrayants. Ce **climat de terreur** relève d'une esthé-tique délibérée. La tragédie classique se proposait de créer chez le spectateur des **émotions fortes**, violentes, comme la terreur ou l'hor-reur. Le spectateur les ayant

> **La catharsis**
>
> La catharsis est un mot grec tiré de la *Poétique* d'Aristote, qui fait de la « purgation des passions » la base de la fonction moralisatrice de la tragédie. En vivant par délégation, à travers les personnages, leurs angoisses, leurs désirs criminels, leur haine et leurs malheurs, le spectateur se libère (« se purge ») de ses propres pulsions, réactions et sentiments inavouables.

éprouvées par délégation (par l'intermédiaire des personnages), il s'en délivrait. C'était la fonction de la **catharsis**. Ce thème de la monstruosité en est un des exemples. Ce retour à des temps lointains, primitifs, colorent en outre la pièce d'une **sombre poésie**.

Les dieux et la fatalité

Présents en arrière-plan de la pièce, les dieux sont des figures cruelles, symboliques, représentant une fatalité moins réelle que poétique.

1 Des dieux cruels

• S'ils ne sont pas présents sur scène, les dieux n'en sont pas moins censés influer sur le cours de l'action. **Vénus** en est même à l'origine. Ne pouvant s'en prendre au Soleil, qui dévoila sa liaison avec le dieu Mars, la déesse se venge sur la descendance de celui-ci. Petite-fille du Soleil, Phèdre en est convaincue (I, 3, v. 249-250).

• **Neptune** joue lui aussi un rôle capital et ambigu. Pourquoi lui qui, en tant que dieu, connaît l'innocence d'Hippolyte, se hâte-t-il d'exaucer le vœu meurtrier de Thésée ? Pourquoi n'entend-il pas le repentir du père qui lui demande ne pas se hâter (V, 5, v. 1483-1484) ? Autant qu'une tragédie de la passion, *Phèdre* est une **tragédie de la fatalité**.

2 Des dieux symboliques

• Cette fatalité est-elle pour autant réelle et les dieux sont-ils les vrais responsables des égarements des personnages ? Ils personnifient en réalité les **forces** et les **pulsions** qui animent et déchirent tant Phèdre que Thésée. Vénus donne à la **passion** de Phèdre une **dimension irrationnelle**, qui n'en souligne que davantage la puissance. La déesse de l'amour extériorise et incarne l'intensité de la passion qui brûle l'héroïne. De même, Neptune devient le nom symbolique de la pulsion meurtrière qui agite Thésée. Le dieu n'est que son agent et n'intervient qu'à sa demande expresse. Les dieux ne sont en définitive que la projection des désirs les plus profonds des personnages. Ce sont ces désirs qui tissent la fatalité.

③ Une fatalité poétique

• Cet arrière-plan mythologique confère toutefois aux personnages une dimension à la fois **sombre** et **grandiose**. Racine soulignait dans sa préface de *Bazajet* (1672) que « les personnages tragiques doivent être regardés d'un autre œil » que nous ne regardons d'ordinaire. En donnant à Phèdre, petite-fille du Soleil, et à Thésée, lointain descendant de la déesse Terre (Gaïa), des ascendances quasi divines, ceux-ci deviennent des personnages à part : ils sont parmi les hommes, mais en même temps au-dessus d'eux, parce qu'ils ont affaire aux **colères divines**. Leurs malheurs ne peuvent dès lors qu'être exceptionnels. La fatalité remplit une fonction poétique, esthétique : elle nimbe la tragédie de **terreur** et de **pitié**.

> **RÉCAPITULATIF**

Les principaux thèmes

1 L'amour
• Une passion impossible et douloureuse
• Une passion destructrice

3 Les dieux et la fatalité
• Des dieux cruels et symboliques
• Une fatalité poétique

2 Les monstres
• Des créatures effrayantes
• Des êtres humains monstrueux
• Des émotions fortes et un climat de terreur

Phèdre, tragédie classique

Phèdre est une tragédie classique parce qu'elle est conforme à la définition qu'Aristote avait donnée de la tragédie dans sa *Poétique* et qu'elle respecte les principales règles de la dramaturgie alors en vigueur.

La tragédie selon Aristote

• Selon Aristote, la tragédie doit mettre en scène de **très hauts personnages** (rois ou grands seigneurs). Phèdre, petite-fille du Soleil, et Thésée, descendant lointain de Jupiter, ne peuvent être d'une naissance plus illustre.

• L'action doit en outre posséder des **enjeux politiques** : la nouvelle, un instant répandue, de la mort de Thésée ouvre une querelle de succession entre Aricie, Hippolyte, Phèdre et son fils, qui tous ont des titres à faire valoir sur le trône d'Athènes.

• La tragédie doit par ailleurs être « **l'imitation d'une action** », c'est-à-dire qu'elle doit faire croire au spectateur qu'il assiste au déroulement d'une histoire vraie et non à la représentation d'une œuvre de fiction. Or le drame passionnel que vit Phèdre obéit à une implacable logique. Si tout n'y est pas objectivement vrai, tout pourrait l'être.

• La tragédie doit aussi susciter chez le spectateur « **la terreur et la pitié** ». Qui ne serait pas épouvanté par ce que vit Phèdre et par la monstruosité d'Œnone ? Qui n'éprouverait pas de pitié pour Aricie, Hippolyte et Thésée ? Aussi pour susciter l'une et l'autre, les personnages sont-ils ni tout à fait coupables ni tout à fait innocents.

• « Terreur » et « pitié » doivent enfin provoquer « **la purgation des passions** ». En d'autres termes le fait de vivre, par l'intermédiaire des personnages, des émotions violentes et de commettre par leur entremise des actes monstrueux le libère (le « purge ») de la tentation de les vivre et commettre dans la réalité. C'est ce qu'on appelle la **catharsis**. Quelle femme souhaiterait devenir Phèdre ? Quel homme désirerait être Thésée ou Hippolyte ?

Une dramaturgie très codifiée

1 L'unité de temps

• **Sa justification.** Toute représentation théâtrale joue sur deux temporalités : la durée objective du spectacle (2h30 à 3h) et la durée supposée de l'action. Comme les faire coïncider était rarement réalisable, on admettait que la durée de l'action ne devait pas excéder vingt-quatre heures. Au-delà, le décalage devenait trop grand. Le spectateur ne pouvait croire qu'en trois heures de spectacle puissent se produire des événements s'étirant sur plusieurs jours. L'unité de temps était donc conçue comme un **facteur de crédibilité, de vraisemblance**.

• **Dans *Phèdre*.** « Je mourais ce matin digne d'être pleurée./J'ai suivi tes conseils, je meurs déshonorée » (III, 3, v. 837-838), déclare Phèdre à Œnone. Toute l'action tient ainsi en **une journée**, et même en moins de vingt-quatre heures, après le lever du soleil et avant son coucher. À l'intérieur de chaque acte, les scènes s'enchaînent dans une parfaite **continuité temporelle**. Les actes eux-mêmes ne sont séparés que par de brefs intervalles de temps.

2 L'unité de lieu

• **Sa justification.** L'unité de lieu découle de l'unité du temps. Les déplacements d'un lieu à un autre ne devaient pas être plus longs que ceux que les moyens de communication de l'époque permettaient d'effectuer. C'était de nouveau affaire de crédibilité. En pratique, les déplacements devaient se limiter au **cadre du palais** (ou d'une ville) **et de ses abords**.

• **Dans *Phèdre*.** L'action se déroule à Trézène, dans le palais de Thésée et, plus précisément encore, dans une antichambre où les personnages se rencontrent successivement. Ce palais est lui-même proche de la mer (I, 1, v. 130) et d'une forêt où Hippolyte chassait (v. 133). Aux portes même de la ville, près de la mer, s'élève un « temple sacré » (V, 1, v. 1394) où, sur le chemin de l'exil, Hippolyte se proposait d'épouser d'Aricie. Ces différents lieux dessinent ainsi un **espace resserré**, compatible avec l'unité de lieu.

③ L'unité d'action

• **Sa justification.** L'unité d'action imposait que la pièce fût centrée sur **une seule intrigue**, afin d'en faciliter la compréhension par le spectateur. Unité d'action ne signifiait pas toutefois unicité de l'intrigue. Celle-ci pouvait en effet avoir **plusieurs fils**, à la condition que ces fils soient **étroitement tissés** entre eux.

• **Dans** *Phèdre*. La passion de Phèdre pour Hippolyte constitue l'**intrigue principale**. L'amour d'Aricie et d'Hippolyte puis la crise de succession ouverte par la (fausse) mort de Thésée forment des **intrigues secondaires**. Mais toutes ces intrigues retentissent les unes sur les autres. La crise de succession contraint Phèdre à s'entretenir avec Hippolyte, à qui elle finira par avouer sa passion. La découverte de l'amour réciproque d'Aricie et d'Hippolyte provoque la jalousie et le désespoir rageur de Phèdre.

• **Le récit de Théramène**, le plus long (72 vers) de tout le théâtre classique, a parfois été critiqué au XVIIᵉ siècle. Dans la mesure où la tragédie doit représenter («imiter» comme on disait à l'époque) une action, elle devait idéalement ne renfermer aucun récit, forme statique par nature. Comme il était difficile de s'en passer, on admettait la présence d'un récit, à la condition qu'il fût justifié et le plus bref possible.

• **Représenter sur scène la mort** d'Hippolyte, son combat contre le monstre marin et ses chevaux affolés était techniquement difficile et contraire aux bienséances (voir plus bas). Cette mort ne pouvait donc faire que l'objet d'un récit. Mais, outre sa valeur informative, le récit de Théramène fait partie intégrante de l'action. C'est un **chant funèbre** composé en l'honneur d'Hippolyte qui meurt en héros.

④ Les bienséances

• **Leur définition.** Les bienséances étaient de deux sortes (d'où le pluriel): l'une, dite «**bienséance interne**», concernait la structure de l'œuvre, son organisation logique; l'autre, dite «**bienséance externe**» exigeait de ne pas choquer le spectateur (qui, s'il l'était, cesserait d'apprécier la pièce). La «bienséance interne» était affaire de métier et de talent. La «bienséance externe» était autrement plus redoutable, dans la mesure où la tragédie se nourrit de crimes, d'atrocités et de monstres. Comment dans ces conditions ne pas scandaliser le spectateur? En fait, la question n'était pas de savoir ce qu'il convenait de dire ou de ne pas dire mais comment le dire.

• **Dans** *Phèdre*. En soi, l'**aveu de Phèdre** ne pouvait que heurter les bienséances. Aussi Racine le place-t-il au moment précis où celle-ci se croit veuve. La (fausse) mort de Thésée rompt le lien familial qui unit Phèdre à son beau-fils. C'est une manière de ruser avec les bienséances. Par ailleurs, les **épisodes sanglants** ou macabres (la fin atroce de Pirithoüs, III, 5 ; le suicide d'Œnone, V, 5) sont rapportés et non montrés sur scène. Théramène relate certes la **mort d'Hippolyte** avec des détails horribles mais ceux-ci sont rapidement évoqués (V, 6, v. 1556-1558). Quant à Phèdre, si elle meurt sur scène (ce que les bienséances interdisaient), c'est quelques secondes avant le baisser de rideau. Le spectateur a donc à peine le temps de la voir. Les bienséances n'interdisaient donc rien. Le tout était de savoir comment les respecter, tout en ne les respectant pas.

5 La vraisemblance et la mythologie

• **Définition et enjeux.** La vraisemblance ne se confond alors pas avec le vrai : les tragédies sont des œuvres de fiction, non des manuels d'histoire. Elle n'est pas nécessairement le possible : il serait possible mais invraisemblable qu'Hippolyte dénonce Phèdre à Thésée. La vraisemblance se définit comme **ce que le public est ou non prêt à croire, à accepter**. C'est une notion culturelle et non rationnelle. Ainsi la mythologie qui relève par définition de l'imaginaire était jugée vraisemblable parce qu'elle s'appuyait sur une tradition millénaire. Le temps la rendait en quelque sorte **crédible**.

• **Dans** *Phèdre*. Aussi Racine peut-il sans heurter la vraisemblance évoquer les origines divines de Phèdre, le Minotaure ou un dragon surgi de la mer. Il le fait souvent avec une certaine **mise à distance**. Aucun personnage n'affirme par exemple que Thésée soit descendu aux enfers : c'est un «bruit [...] partout répandu» (II, 1, v. 383) dont Ismène se fait l'écho. Théramène n'affirme pas davantage que Neptune affole les chevaux d'Hippolyte : «On dit qu'on a vu même en ce désordre affreux/ Un dieu, qui d'aiguillons pressait leur flanc poudreux» (V, 6, v. 1539-1540). C'est de nouveau une parole rapportée dont celui ou celle qui la rapporte ne garantit pas l'exactitude.

Le monstre au théâtre

De l'Antiquité à nos jours, le théâtre a souvent campé des monstres. Il en est de deux sortes : le **monstre physique**, tel le Minotaure, mi-homme mi-taureau ; et le **monstre moral**, qui commet l'impardonnable. Leur point commun est d'être contre-nature, dans l'ordre du vivant ou dans celui des valeurs morales. Le monstre évolue ainsi aux frontières de l'humain. À ce titre, il terrifie parce qu'il incarne une **transgression** et en même temps il fascine par ce qu'il est ou ose faire. Hors normes, il possède ainsi une **forte valeur théâtrale**. Étymologiquement, le mot « monstre » dérive d'ailleurs d'un verbe latin (*monstrare*) signifiant « montrer ».

Le monstre est aussi une **interrogation**. Pourquoi existe-t-il ? D'où vient sa monstruosité ? Dans l'Antiquité, le monstre était un **avertissement** ou un **châtiment** que les dieux infligeaient aux hommes. Si le Minotaure naît des amours de Pasiphaé et d'un taureau, cet amour est voulu par Vénus qui a décidé de se venger du Soleil sur toute la descendance de celui-ci. Le monstre représente toujours plus que lui-même : il renvoie à autre chose. Les dramaturges ne pouvaient que s'emparer d'un tel personnage. C'est par exemple Sénèque dans sa *Médée* et, sans compter la *Phèdre* de Racine, Corneille dans *Rodogune*, Hugo dans *Lucrèce Borgia* ou encore Ionesco dans *Rhinocéros*.

DOC 1
Sénèque, *Médée* (vers 43-44), scène 10, traduction de Florence Dupont, © Imprimerie Nationale, 1992

Médée est l'archétype[1] de la monstruosité. Cette magicienne est devenue parricide et fratricide par amour pour Jason, dont elle a deux fils. Quelques années plus tard, Jason la répudie pour épouser la jeune Créüse, fille du roi de Corinthe. La vengeance de Médée est à la hauteur de sa souffrance et de ses pouvoirs magiques : après avoir tué sa rivale, elle se retourne contre ses

---

1. Archétype : modèle originel, type fondamental.

enfants afin de mieux atteindre Jason. Tout autant que ses infanticides, c'est la décision consciente de les commettre et la jouissance qu'elle en retire qui rend Médée monstrueuse.

Voici un genre de châtiment qui me va tout à fait
Et j'ai raison.

C'est le crime suprême, je le sais,
Il faut que mon cœur s'y prépare.

5 Enfants qui fûtes un jour les miens
À vous de payer pour les crimes de votre père.

Mon cœur horrifié a battu la chamade[1],
Je suis glacée, je ne sens plus mon corps, ma poitrine a tremblé

La colère cède la place
10 L'épouse a disparu
La mère revient tout entière.

Moi ? Répandre le sang de mes enfants ?

Fureur et folie
Je n'irai pas jusque-là,
15 Jusqu'à cet acte inouï
Ce meurtre impossible
Ce crime de nuit

---

1. Battu la chamade : a battu à grands coups.

Quelle faute les malheureux expieraient-ils ?
Ils sont pourtant criminels,
20 Leur crime est d'avoir Jason pour père
Et pis encore Médée, pour mère.

Qu'ils meurent, ce ne sont pas mes fils
Qu'ils meurent, ils sont à moi.

DOC 2 **Corneille, *Rodogune*** (1644-1645), acte IV, scène 7

Reine de Syrie, Cléopâtre a deux fils, des jumeaux. Aussi peut-elle déclarer à sa guise qui est l'aîné appelé à monter sur le trône. À l'un puis à l'autre, elle promet de le déclarer l'aîné à la condition qu'il tue la princesse Rodogune, qu'elle hait. Les jumeaux refusent, tous deux étant amoureux de la princesse. Cléopâtre comprend alors qu'il lui faut tuer ses fils et garder ainsi le pouvoir. La monstruosité est de nouveau morale. Mais ce qui impressionne le plus, c'est l'effort que fait Cléopâtre pour devenir monstrueuse. C'est une sorte d'héroïsme à l'envers. Cléopâtre accède à la sombre grandeur des criminels les plus terrifiants.

N'espère pas pourtant triompher de ma haine,
Pour régner sur deux cœurs, tu[1] n'es pas encor Reine.
Je sais bien qu'en l'état où tous deux je les vois
Il me les faut percer[2], pour aller jusqu'à toi :
5 Mais n'importe, mes mains sur le père[3] enhardies
Pour un bras refusé[4] sauront prendre deux vies,
Leurs jours également sont pour moi dangereux,
J'ai commencé par lui, j'achèverai par eux.

---

1. Tu : Rodogune, à qui elle s'adresse en pensée.
2. Percer : tuer.

3. Le père : Démétrius Nicanor que Cléopâtre a fait assassiner.
4. Pour un bras refusé : aucun de ses deux fils n'a voulu tuer Rodogune.

Sors de mon cœur, Nature, ou fais qu'ils m'obéissent,
10 Fais-les servir ma haine, ou consens qu'ils périssent.
Mais déjà l'un[1] a vu que je les veux punir,
Souvent qui tarde trop se laisse prévenir,
Allons chercher le temps d'immoler mes victimes,
Et de me rendre heureuse, à force de grands crimes.

DOC 3 **Racine, *Phèdre*** (1677), acte IV, scène 6, vers 1270-1294

« Je respire à la fois l'inceste et l'imposture » (v. 1270) : Phèdre se voit elle-même comme un monstre, vouée à la damnation éternelle. Son amour pour Hippolyte, son beau-fils, lui fait oublier tous ses devoirs : conjugaux, vis-à-vis de Thésée ; maternels, vis-à-vis de ses propres enfants ; religieux et moraux en acceptant qu'Œnone, autre monstre, calomnie Hippolyte.

DOC 4 **Hugo, *Lucrèce Borgia*** (1833), acte III, scène 2

Dans l'histoire italienne, la famille des Borgia traîne derrière elle un long sillage de puissance, d'intrigues et d'assassinats. Fille du futur pape Alexandre VI, Lucrèce, incestueuse et récidiviste du crime, se révèle aussi monstrueuse, aussi indigne que ses parents et ancêtres. Lors d'un bal masqué à Venise, elle voit et entend des gentilshommes lui rappeler son sinistre palmarès. L'un d'eux, Gennaro, efface même sur le fronton du palais le B de BORGIA pour ne laisser à la vue de tous que le mot « ORGIA ». Lucrèce décide de se venger. Quelques mois plus tard, à Ferrare, elle invite à dîner ces mêmes gentilshommes. Elle leur fait boire du vin dans lequel elle a fait préalablement verser du poison. Elle leur annonce que tous vont mourir. Cette annonce est aussi une confession, glaçante de sincérité et d'inhumanité.

---

1. **L'un** : Séleucus.

Il y a quelques jours, tous, les mêmes qui êtes ici, vous disiez ce nom[1] avec triomphe. Vous le dites aujourd'hui avec épouvante. Oui, vous pouvez me regarder avec vos yeux fixes de terreur. C'est bien moi, Messieurs. Je viens vous annoncer une nouvelle, c'est que vous êtes
5 tous empoisonnés, Messeigneurs, et qu'il n'y en a pas un de vous qui ait encore une heure à vivre. Ne bougez pas. La salle d'à côté est pleine de piques[2]. À mon tour maintenant. À moi de parler haut et de vous écraser la tête du talon ! – Jeppo Liveretto, va rejoindre ton oncle Vitelli que j'ai fait poignarder dans les caves du Vatican ! Ascanio Petrucci, va
10 retrouver ton cousin Pandolfo que j'ai assassiné pour lui voler sa ville[3] ! Oloferno Vitellozzo, ton oncle t'attend, tu sais bien, Iago d'Appiani que j'ai empoisonné dans une fête ! Maffio Orsini, va parler de moi dans l'autre monde à ton frère de Gravina que j'ai fait étrangler dans son sommeil ! Apostolo Gazella, j'ai fait décapiter ton père Francisco
15 Gazella, j'ai fait égorger ton cousin Alphonse d'Aragon[4], dis-tu ; va les rejoindre ! – Sur mon âme ! vous m'avez donné un bal à Venise[5], je vous rends un souper à Ferrare. Fête pour fête, Messeigneurs !

DOC 5 **Ionesco, *Rhinocéros*, acte II, tableau II © Éditions Gallimard**

Les uns après les autres, les habitants d'une petite ville jusqu'ici sans his-toire se métamorphosent en rhinocéros. Vivant désormais en troupeaux, exaltant leur force brutale, ils perdent progressivement toute humanité. De fait leur métamorphose est une régression vers l'animalité. Les deux types de monstres, physique et moral, se rejoignent. En 1960, la pièce montrait de manière allégorique la montée du nazisme dans les années 1930. Jouée dans le monde entier, elle est une dénonciation de tous les totalitarismes, de tous les embrigadements et de toutes les monstruosités qu'ils engendrent.

---

1. **Ce nom**: le sien, Lucrèce Borgia.
2. La salle est pleine de gardes armés de piques.
3. Cette ville est la ville Sienne.
4. **Alphonse d'Aragon**: le troisième mari de Lucrèce Borgia.

5. C'est lors d'un bal masqué à Venise que tous ces hommes ont rappelé à Lucrèce Borgia tous les crimes qu'elle avait commis.

JEAN

La nature a ses lois. La morale est antinaturelle.

BÉRENGER

Si je comprends, vous voulez remplacer la loi morale par la loi de la jungle !

JEAN

J'y vivrai, j'y vivrai.

BÉRENGER

5 Cela se dit. Mais dans le fond, personne…

JEAN, *l'interrompant, et allant et venant.*

Il faut reconstituer les fondements de notre vie. Il faut retourner à l'intégrité primordiale.

BÉRENGER

Je ne suis pas du tout d'accord avec vous.

JEAN, *soufflant bruyamment.*

Je veux respirer.

BÉRENGER

10 Réfléchissez, voyons, vous vous rendez bien compte que nous avons une philosophie que ces animaux n'ont pas, un système de valeurs irremplaçable. Des siècles de civilisation humaine l'ont bâti !…

JEAN, *toujours dans la salle de bains.*

Démolissons tout cela, on ne s'en portera que mieux.

BÉRENGER

15 Je ne vous prends pas au sérieux. Vous plaisantez, vous faites de la poésie.

JEAN

Brrr…

Il barrit presque.

BÉRENGER

Je ne savais pas que vous étiez poète.

JEAN, *il sort de la salle de bains.*

Brrr…

Il barrit de nouveau.

BÉRENGER

20 Je vous connais trop bien pour croire que c'est là votre
pensée profonde. Car, vous le savez aussi bien que moi,
l'homme…

JEAN, *l'interrompant.*

L'homme… Ne prononcez plus ce mot !

BÉRENGER

Je veux dire l'être humain, l'humanisme…

JEAN

25 L'humanisme est périmé ! Vous êtes un vieux sentimen-
tal ridicule.

Il entre dans la salle de bains.

BÉRENGER

Enfin, tout de même, l'esprit…

JEAN, *dans la salle de bains.*

Des clichés ! vous me racontez des bêtises.

Le mythe de Phèdre à travers les arts

À travers la peinture

S'il ne cesse de vivre sur scène, le mythe de Phèdre a inspiré de nombreux peintres depuis l'Antiquité. Une fresque datant du premier siècle de notre ère, retrouvée à Pompéi (Italie), montre Phèdre conversant avec Œnone. La peinture académique (officielle) des XVIIIe et XIXe siècles s'est également emparée du sujet. En 1808, dans son tableau *Phèdre et Hippolyte*, Pierre-Narcisse Guérin interprète à sa façon l'ordre d'exil frappant Hippolyte. Quant à Alexandre Cabanel, il revient sur le couple aussi fascinant qu'inquiétant que forment Phèdre et sa nourrice.

Au théâtre

Phèdre étant sans doute la tragédie la plus connue de Racine, c'est la pièce que les metteurs en scène rêvent et redoutent tout à la fois de monter, tant sa puissance et sa violence fascinent, tant elle est riche de sens et d'interprétations. Certaines mises en scène sont restées célèbres par le regard nouveau qu'elles portaient sur la pièce.

Voici quatre d'entre elles, parmi les plus marquantes de ces dernières décennies : celle d'Anne Delbée (1995), de Luc Bondy (1998), de Patrice Chéreau (2003) et de Jean-Louis Martinelli (2013). Chacune d'elles illustre à sa façon la tragédie du désir qui emporte Phèdre jusque dans la mort.

1 Phèdre et sa suivante (Ier siècle ap. J.-C.)

- **Auteur** : inconnu
- **Genre** : fresque de la maison de Jason de Pompéi
- **Technique** : peinture murale
- **Dimensions** : 44,9 x 29,9 cm
- **Lieu** : musée archéologique de Naples, Italie

 Voir l'image dans le cahier couleurs, p. I.

Une scène de confidences et de trahisons

Au pied du Vésuve, Pompéi est, au premier siècle de notre ère, une résidence impériale et une prospère cité balnéaire d'environ 20 000 habitants. Le 24 août 79, une éruption du Vésuve l'ensevelit sous une pluie de cendres. La ville est détruite, mais admirablement conservée sous celles-ci. Les premières fouilles du site débutent en 1860. La fresque ici reproduite a été trouvée dans la maison de Jason, également appelée maison des amours fatales. Phèdre confie à Œnone une lettre, probablement censée prouver la culpabilité d'Hippolyte (lettre à laquelle Racine fait allusion au vers 1478).

 Lire l'image

1/ Quelles sont les composantes de cette fresque ?
2/ Qu'est-ce qui, dans l'attitude des deux femmes, suggère une scène de confidence ?
3/ Comment est soulignée l'importance de la lettre ?

2 Phèdre et Hippolyte (1802)

- **Auteur** : Pierre-Narcisse Guérin (1774-1833)
- **Genre** : scène empruntée à la mythologique grecque
- **Technique** : peinture, huile sur toile
- **Dimensions** : 130 x 174 cm
- **Lieu** : musée des Beaux-Arts, Bordeaux

Voir l'image en 2e de couverture.

Hippolyte mis en accusation

Membre de l'Institut (Académie des Beaux-Arts), directeur de la célèbre Villa Médicis à Rome (de 1822 à 1828), Guérin fut un peintre réputé en son temps. Peintre néo-classique, il emprunte ses sujets à l'Antiquité gréco-romaine. Ses personnages sont souvent figés comme des statues. Le tableau représente le moment où Hippolyte tente de se défendre de l'accusation portée contre lui (et qui fait écho à la scène 2 de l'acte IV de la pièce).

📷 Lire l'image

1/ Quelles sont les composantes de ce tableau ?
2/ Que suggère l'attitude d'Hippolyte ? Que s'apprête-t-il apparemment à faire ?
3/ Quels sentiments agitent Thésée et Phèdre ?

3

Phèdre (1880)

- **Auteur** : Alexandre Cabanel (1823-1889)
- **Genre** : scène empruntée à la mythologie grecque
- **Technique** : peinture, huile sur toile
- **Dimensions** : 1,95 x 2,85 m
- **Lieu** : musée Fabre, Montpellier

 Voir l'image dans le cahier couleurs, p. II.

Une scène de désespoir

Peintre quasi officiel du Second Empire, Alexandre Cabanel pratique un art académique des plus traditionnels. Les conservateurs l'admirèrent, les tenants d'un art plus moderne le critiquèrent. Cabanel est d'abord un portraitiste. Étendue sur un lit, à demi dénudée, sa Phèdre vient d'avouer à sa confidente sa coupable passion pour Hippolyte. Elle en est désespérée. Son tableau, de grandes dimensions, obtint un vif succès lors de son exposition en 1880.

📷 Lire l'image

1/ Quelles sont les composantes de ce tableau ?
2/ Que suggère l'attitude d'Œnone, adossée au lit, tête renversée ?
3/ Qu'exprime la pose de Phèdre ?

4 · *La mise en scène d'Anne Delbée* (1995)

- **Metteur en scène** : Anne Delbée (née en 1946)
- **Acteurs** : Martine Chevallier (Phèdre), François Beaulieu (Thésée), Éric Genovèse (Hippolyte), Nathalie Nerval (Œnone)
- **Date de la mise en scène étudiée** : 1995
- **Lieu** : La Comédie-Française, Paris

 Voir l'image dans le cahier couleurs, p. III.

Une somptueuse cérémonie tragique

• Le décor est **inattendu**, intemporel: il représente une nef, bas de plafond, en forme de proue métallique. La scène se change ainsi en **huis clos**. Il est d'autant plus étouffant que les personnages restent constamment présents, comme s'il leur était impossible de partir, même quand ils n'ont rien à dire.

• Conçus par le grand couturier **Christian Lacroix** (né en 1951), les costumes, tout de couleurs, de broderies et richesses, éblouissent le regard. Ils lui valent le «Molière du meilleur créateur de costumes». Leur somptuosité a été diversement interprétée: pour les uns, ils retiennent et séduisent le regard au détriment du texte de Racine; pour d'autres, ils donnent au spectacle tragique la dimension d'une **cérémonie solennelle**.

• Phèdre brûle d'un amour incandescent, à l'image de sa **robe rouge**, qui la fait passer du désir au quasi délire, la diction de Martine Chevallier se transformant parfois en cri. L'image renvoie aux retrouvailles de Thésée, majestueux, et de Phèdre, **inquiète et tourmentée**. La présence sur le côté d'Hippolyte ajoute au tragique de la scène: lui seul (avec le spectateur) sait que Phèdre ment.

5 · *La mise en scène de Luc Bondy* (1998)

- **Metteur en scène** : Luc Bondy (1948-2015)
- **Acteurs** : Valérie Dréville (Phèdre), Dominique Frot (Œnone), Sylvain Jacques (Hippolyte), Didier Sandre (Thésée)
- **Date de la mise en scène étudiée** : 1998
- **Lieu** : Odéon-Théâtre de l'Europe, Paris

 Voir l'image dans le cahier couleurs, p. IV.

Une impossible transgression amoureuse

• Le décor : un **palais** sans attrait particulier, près de la mer sous un ciel bleu. D'emblée le contraste s'établit entre l'intérieur et l'extérieur, entre le huis clos étouffant du palais et l'échappée vers un horizon inaccessible. Les costumes jouent également sur des **effets de contraste** : à la robe dorée que porte Phèdre s'opposent les habits noirs d'Œnone ; à la passion lumineuse de l'une s'oppose la figure du mal qu'est l'autre.

• Dans ce huis clos du palais, les personnages ne peuvent longtemps se fuir. D'où l'importance de la gestuelle, des **regards** notamment. Chacun épie l'autre, s'en rapproche ou veut s'en éloigner. L'image retenue montre Œnone observant Phèdre qui elle-même observe Hippolyte. Une impression de **malaise** en découle.

• La mise en scène met l'accent sur le couple finalement **destructeur** que forment Phèdre et Œnone. Les relations entre les personnages apparaissent troubles, placées sous le signe de l'inceste ou d'une impossible **transgression**. C'est certes le cas de la passion de Phèdre pour Hippolyte. Mais quelle sorte d'amour attache Œnone à Phèdre ? Quelle sorte d'amitié lie Théramène à Hippolyte ? Seul Thésée incarne l'autorité et la stabilité. Mais ce n'est qu'une apparence. Il ne pourra pas empêcher la catastrophe.

6

La mise en scène de Patrice Chéreau (2003)

• **Metteur en scène** : Patrice Chéreau (1944-2003)
• **Acteurs** : Dominique Blanc (Phèdre), Éric Ruf (Hippolyte), Michel Duchaussoy (Théramène), Christiane Cohendy (Œnone)
• **Date de la mise en scène étudiée** : 2003
• **Lieu** : Odéon-Théâtre de l'Europe, Paris

 Voir l'image en couverture.

Une audacieuse modernité

• Le décor est quasiment inexistant et ne renvoie ni à l'Antiquité ni à l'époque de Racine. Costumes et accessoires sont modernes (jusqu'aux chaussures de Phèdre). La **volonté de moderniser** est évidente.

• La **rupture avec les bienséances classiques** est tout aussi éclatante. La diction efface le rythme de l'alexandrin pour le rapprocher de celui de la prose. La gestuelle privilégie les contacts physiques. Le cadavre d'Hippolyte est exposé sur scène comme dans une morgue.

• L'image retenue renvoie à la **confession** de Phèdre (V, 7). Les costumes ont des couleurs tranchées, opposées. L'attitude des personnages obéit à un dessin presque géométrique: Thésée est dans une pose verticale, Phèdre dans une pose horizontale. Thésée a le regard fixe, lointain, comme déjà au-delà du monde. Phèdre implore son pardon. L'épée rappelle qu'elle fut la (fausse) preuve de la culpabilité d'Hippolyte.

7 *La mise en scène de Jean-Louis Martinelli* (2013)

- **Metteur en scène**: Jean-Louis Martinelli (né en 1951)
- **Acteurs**: Anne Suarez (Phèdre), Mounir Margoum (Hippolyte), Hammou Graïa (Thésée), Sylvie Milhaud (Œnone)
- **Date de la mise en scène étudiée**: 2013
- **Lieu**: Théâtre Nanterre-Amandiers

 Voir l'image 3e de couverture.

Exprimer l'intensité du désir amoureux

• Le décor est rudimentaire, au point de ne quasiment pas exister. La scène se présente comme une sorte de **corridor** entre deux rangées de gradins. Une grande proximité, presque une certaine intimité, s'établit ainsi entre les spectateurs et les acteurs. Le spectacle y gagne en **intensité dramatique**.

• La gestuelle est en conséquence très **sobre**, comme l'est la déclamation: il n'y a aucune recherche d'effets oratoires. Les costumes visent à la **simplicité**. Phèdre porte une longue robe blanche, légèrement transparente, qui rappelle tout à la fois la toge antique et l'intensité du désir amoureux.

• Cette intensité est suggérée, dans l'image retenue, par la **proximité des corps**: proche d'Hippolyte, Phèdre tente encore de se contrôler, tandis qu'Hippolyte n'ose encore comprendre ce qu'il entend. La pièce s'achève sur un tableau qui illustre le récit de Théramène: il montre les chevaux d'Hippolyte et le corps déchiqueté de celui-ci sur une plage.

Sujet de **dissertation**

Pensez-vous que la passion dans la tragédie soit, comme on l'a parfois dit, une faiblesse ?

Vous répondrez à cette question dans un développement argumenté, en vous appuyant sur votre lecture de *Phèdre* et sur tous les textes que vous aurez lus dans le cadre du parcours « Passion et tragédie ».

> **pour vous aider**
>
> *Les indications qui suivent peuvent vous aider à bâtir votre plan.*
>
> **1** • Expliquez le sens qu'il convient de donner au mot « faiblesse ».
> • Deux sens sont possibles : par rapport au sujet de toute tragédie ; par rapport aux égarements auxquels conduit la passion.
>
> **2** • Identifiez de possibles manifestations de cette « faiblesse ».
> • Relevez des exemples où la passion peut apparaître secondaire et où elle provoque de redoutables égarements.
>
> **3** • Montrez que cette « faiblesse » n'est pas systématique, la passion pouvant au contraire conduire à des actes héroïques.
> • Relevez quelques exemples.
>
> **4** • Pourquoi dans ces conditions la passion est-elle presque constamment présente dans les tragédies ?
> • Interrogez-vous sur ce que serait une tragédie sans intrigue amoureuse.
>
> **5** • Montrez que cette prétendue faiblesse est précisément ce qui intéresse le spectateur.
> • Dans ces conditions, si la passion est une faiblesse, c'est une faiblesse indispensable. Mérite-t-elle encore le nom de faiblesse ?

Sujet de **commentaire**

Corneille, *Le Cid*, acte III, scène 4, vers 933-956

> doc 2, p. 136.

Commentez le texte.

Vous devez composer un devoir qui présente de manière organisée ce que vous avez retenu de votre lecture et justifier par des analyses précises votre interprétation.

pour vous aider

Les indications qui suivent peuvent vous aider à organiser votre commentaire.

1 **Montrez en quoi la demande de Rodrigue est tout à la fois d'une logique implacable et d'une cruauté absolue pour Chimène.**

• La logique : Rodrigue a accompli son devoir, c'est maintenant au tour de Chimène d'accomplir le sien.

• La cruauté : que demande très précisément Rodrigue à Chimène ? En quoi sa demande est-elle impossible à satisfaire ?

2 **Comment Chimène rejette-t-elle la demande de Rodrigue ?**

• Quelle distinction juridique fait-elle ?

• Comment retourne-t-elle les arguments de Rodrigue ?

3 **Étudiez le tragique de cette rencontre.**

• Qu'est-ce qui désormais paraît impossible ?

DES IDÉES DE *lectures cursives...*

Toutes ces œuvres ont en commun
de poser la question : l'amour fou,
mais à quel prix ?

> • **RACINE**, *Phèdre*
> (1677)

1600   **1700**

Le Cid

> Corneille, *Le Cid*
> (1637)

> • Shakespeare, *Roméo
> et Juliette* (1597)

Un drame amoureux
au sein de deux familles
rivales. Le mythe amoureux
par excellence.

Les amours de Chimène
et de Rodrigue, contra-
riées par la rivalité des
pères. Il n'est pas certain
que le dénouement en
soit heureux.

En Chine, les amours tumultueuses et douloureuses de quatre Européens. Le drame le plus brûlant du théâtre de Claudel, et le plus personnel.

Claudel, *Partage de midi* (1907)

Hugo, *Hernani* (1830)

800 · **1900** · **2000**

Mourir d'aimer : un rebelle, vrai grand seigneur au grand cœur, s'éprend de doňa Sol, de haute noblesse. La nuit de leur suicide sera leur nuit de noces. Le drame romantique par excellence, qui fut l'objet d'une vive « bataille ».

Sujet d'**oral**

1 LECTURE ORALISÉE : *Phèdre*, **acte II, scène 5, v. 631-664** > pages 69 à 71

pour vous aider

• Lisez l'échange entre Phèdre et Hippolyte en faisant sentir par votre seule voix le changement d'interlocuteurs.

• Montrez par vos intonations comment Phèdre perd progressivement le contrôle d'elle-même.

2 EXPLICATION D'UN PASSAGE : **La tirade de Phèdre (v. 634-662)**

pour vous aider

• Commencez par situer le passage et mettre en évidence son enjeu : troublée par la présence d'Hippolyte, Phèdre lui fait l'aveu de son amour, aveu qu'elle s'était pourtant promis de ne jamais faire.

• Montrez, au fil de votre explication, comment Phèdre procède à une substitution de plus en plus précise d'Hippolyte, son beau-fils, à Thésée, son mari (dont, à ce moment-là, elle se croit veuve).

3 QUESTION DE GRAMMAIRE : **Dans les vers 634 à 640, relevez les pronoms personnels compléments, indiquez leur personne et le nom auquel ils renvoient.**

pour vous aider

Vous devez relever 4 pronoms personnels compléments.

Questions *pour l'entretien*

Ces questions, qui font référence à Hernani, *ont été conçues à titre d'exemples.*

1 Dans votre dossier est mentionnée la lecture cursive d'une autre pièce de théâtre : celle d'*Hernani*. Pouvez-vous présenter brièvement cette œuvre et exposer les raisons de votre choix ?

2 Pour quelles raisons, cette pièce a-t-elle suscité une vive « bataille » ? Avec le recul, cette « bataille » vous semble-t-elle importante ou justifiée ?

3 Vous avez étudié *Phèdre* et vous avez lu *Hernani* : en quoi la peinture de la passion dans ces deux pièces vous semble-t-elle à la fois différente et semblable ?

Bienséances

Elles sont de deux sortes. La « bien-séance interne » concerne la structure de la pièce et la cohérence entre eux des éléments qui la composent. La « bienséance externe » conduit à ne pas choquer le spectateur en respectant les convenances et les règles de la sociabilité de l'époque (élimination de la familiarité, de la vulgarité, de toute allusion au corps...).

Catharsis

Mot grec tiré de la *Poétique* d'Aristote, définissant la « purgation des passions », à la base de la fonction moralisatrice de la tragédie. En vivant par délégation, à travers les personnages, leurs angoisses, leurs désirs criminels, leur haine et leurs malheurs, le spectateur se libère (« se purge ») de ses propres pulsions, réactions et sentiments inavouables.

Coup de théâtre

Événement plus ou moins imprévu qui change brutalement et radicalement la situation : par exemple, le retour de Thésée, jusqu'alors cru mort.

Dénouement

Étymologiquement, ce qui « dénoue » l'action. Il doit intervenir le plus tard possible, idéalement à la dernière scène. Il doit être « nécessaire » (logique), « complet » et « rapide ».

Didascalies

Indications scéniques que le dramaturge porte directement sur son texte, et qui sont notées en italique.

Exposition

Mise en place de l'action donnant au spectateur les informations nécessaires à la compréhension de celle-ci : quel enjeu ? quels personnages ? quel lieu ? etc. L'exposition peut s'étendre sur plusieurs scènes et parfois sur un acte.

Fatalité

En latin, le *fatum*, du verbe *fari*, signifiant « parler », « proférer », est une parole divine, qui condamne ou châtie les humains. Le mot « fatalité » en dérive. Comme elle est divine, cette parole s'accomplit inévitablement. Par extension : tout terrible événement connu d'avance, contre lequel on ne peut lutter.

Hôtel de Bourgogne

Le plus ancien théâtre de Paris, spécialisé dans la tragédie, où Racine fait jouer ses pièces.

Hôtel du Marais

Théâtre rival de l'Hôtel de Bourgogne, créé en 1634, où Corneille fait ses débuts.

Imitation (doctrine d')

Doctrine élaborée par Aristote, selon laquelle le théâtre (tragédie et comédie) est un art d'« imitation du réel ». Il ne s'agit pas pour autant de copier le réel, mais de le restituer par des moyens artistiques. C'est donc un réel transfiguré par l'esthétique. On parle aussi de *mimesis*.

« Machines »

Objets, engins et procédés permettant de créer des effets spéciaux tels que des dieux qui descendent du ciel dans une nacelle, des personnages qui s'envolent, des rochers qui s'entrouvrent... Leur utilisation transforme la tragédie en pièce à grand spectacle, faite d'abord pour émerveiller.

Mélodrame

Drame populaire, très en vogue au XIXe siècle, jouant sur de fortes émotions (haine, amour, bons sentiments...) avec des situations complexes, parfois invraisemblables, et des personnages très typés (les bons, les mauvais...). La « tragédie romanesque » use parfois des mêmes ressorts.

Mimesis

Mot grec tiré de la *Poétique* d'Aristote, définissant le théâtre comme un art d'imitation ; voir plus haut ce mot.

Pastorale

Œuvre littéraire (romanesque, poétique ou théâtrale) dont les personnages sont des bergers évoluant dans un cadre champêtre et vivant des amours raffinées.

Pathétique

Toute expression de la souffrance, physique ou morale, créant chez le spectateur un sentiment de pitié ou de compassion.

Péripétie

Tout événement imprévu, qui ne figure ni dans l'exposition ni dans le dénouement. Elle est en principe réversible, alors que le coup de théâtre ne l'est pas.

Pitié

Sentiment qu'avec la crainte, la tragédie, selon Aristote, doit susciter dans l'âme du spectateur.

Purgation des passions

Voir Catharsis.

Théâtre dans le théâtre (procédé du)

Une pièce (A) relate l'histoire de comédiens, qui par fonction interprètent une autre pièce (B). C'est une pièce dans la pièce, du théâtre dans le théâtre. Son but est d'effacer les frontières entre le réel et l'imaginaire. Le baroque use souvent de ce procédé.

Tragi-comédie

Pièce dont l'action est souvent complexe, spectaculaire, où les personnages voient leur amour ou leur raison de vivre momentanément menacés. Contrairement à son nom, la tragi-comédie n'est pas obligatoirement comique. Dans sa version originale de 1637, *Le Cid* de Corneille est une tragi-comédie.

Tragique

Toute situation où l'homme prend douloureusement conscience de son destin.

Unité d'action

Un des mots clés de la dramaturgie classique. L'action doit reposer sur une intrigue principale, et une seule, depuis l'exposition jusqu'au dénouement. Cela n'exclut pas des intrigues secondaires, à la condition toutefois qu'elles soient étroitement reliées à l'intrigue principale.

Unité de lieu

Autre mot clé de la dramaturgie classique. L'action doit se dérouler en un seul endroit, plus ou moins précis et resserré : de l'antichambre d'un palais, par exemple, à une ville et ses abords.

Unité de temps

L'action doit se dérouler en un jour au maximum.

Vraisemblance

Autre mot clé de la dramaturgie classique. La vraisemblance n'est pas le vrai, ni même le possible. Elle est ce que le spectateur est prêt à accepter, à croire. C'est le vrai ou le réel corrigé par l'idée qu'on s'en fait. C'est donc d'abord une notion esthétique.

Conception graphique de la maquette Studio Favre & Lhaïk ; pour la partie texte : c-album, Jean-Baptiste Taisne et Rachel Pfleger • Mise en pages : Chesteroc Ltd • Suivi éditorial : Charlotte Monnier

Images   Table des illustrations

En 2e et 3e de couverture

- Pierre-Narcisse Guérin (1774-1833), *Phèdre et Hippolyte*, 1815. Huile sur toile, 130 x 174 cm, Bordeaux, musée des Beaux-Arts. ph © DeAgostini/Leemage

- *Phèdre* de Jean Racine, mise en scène de Jean-Louis Martinelli, avec Anne Suarez (Phèdre) et Mounir Margoum (Hippolyte), Théâtre Nanterre-Amandiers, 2013. ph © Agathe Poupeney/PhotoScene

Dans les pages de début

- Page 14 Anonyme, *Portrait de Jean Racine*, fin du XVIIe siècle. Huile sur toile, Versailles, châteaux de Versailles et de Trianon. Coll. Archives Hatier

- Page 15 *Phèdre et Hippolyte*, frontispice de l'édition originale, 1677, Paris, Bibliothèque nationale de France. Coll. Archives Hatier

- Page 17 *Révocation de l'Édit de Nantes en* 1685, gravure, fin XVIIe, Versailles, châteaux de Versailles et de Trianon. Coll. Archives Hatier

- Page 19 *Les Fêtes de l'Amour et de Bacchus*, comédie en musique représentée dans le petit parc de Versailles. Gravure extraite d'un recueil de 1679, Paris, Bibliothèque nationale de France. Coll. Archives Hatier

Dans le cahier couleurs, au centre du livre

- Page I Auteur inconnu, *Phèdre et sa suivante*, fresque de la maison de Jason de Pompéi, Ier siècle ap. J.-C., musée archéologique de Naples. ph © Erich Lessing/Akg-Images

- Page II Alexandre Cabanel (1823-1889), *Phèdre*, 1880. Huile sur toile, 195 x 285 cm, Montpellier, musée Fabre. ph © Josse/Leemage

- Page III *Phèdre* de Jean Racine, mise en scène d'Anne Delbée, avec Martine Chevallier (Phèdre) et François Beaulieu (Thésée), costumes de Christian Lacroix, Comédie-Française, Paris, 1995. ph © Hubert Fanthomme/Paris Match/Scoop

- Page IV *Phèdre* de Jean Racine, mise en scène de Luc Bondy, avec Valerie Dréville (Phèdre) et Sylvain Jacques (Hippolyte), Odéon-Théâtre de l'Europe, Paris, 1998. ph © Pascal Victor/ArtComPress

Achevé d'imprimer par Grafica Veneta à Trebaseleghe - Italie
Dépôt légal n° 05311-3/09 - Octobre 2021